B. TUGBA KOC

W0249766

101 WEGE, ALS MAMA NICHT AUSZUTICKEN

INHALT

“MÜTTER
TRAGEN DIE WELT –
UND IHRE LETZTEN
NERVEN GLEICH
MIT.”

TIEF EINATMEN BEVOR WIR LOSGEHEN

Mütter brauchen keine Berufsbezeichnung – sie sind ein Komplettpaket im Einheitskörper: Stylistin am Morgen mit Last-Minute-Looks, Frisörin mit magischem Haargummi, das aus dem Nichts auftaucht, Ernährungsberaterin beim Frühstück – ob Haferflocken heute die Welt retten oder nicht, Gesundheitsaufsicht beim Zähneputzen – gegen Bakterien und Drama zugleich, Geburtstagsmanagerin mit Pinterest-Druck, Montessori-Leiterin mit Klopapierrollen, Hobby-Animatorin ohne Budget, Hauspsychologin bei Tränenausbrüchen, Familienchauffeurin ohne Navi, Privatköchin mit Resten, Krisencoach ohne Pause, Eventplanerin ohne Applaus – und natürlich 24/7-Notfall-Hotline für jeden Kratzer, jede Panik, jedes Drama. Und als wäre das nicht genug, ist sie gleichzeitig auch Sicherheitsbeauftragte, Streitschlichterin, Wäscherei-Leitung, Inventar-Finderin, die jedes verlorene Teil im Haus auf Zuruf findet, Einschlaf-Hypnotiseurin und die einzige Person im Haushalt, die das Wort *„Impftermin"* nicht für ein Kreuzworträtsel hält.

Keiner ruft 112 – alle rufen ***„MAMAAA!"*** und dann reicht ein einziger Kuss und das eben sterbende Kind plant wieder sein nächstes Abenteuer. *"Mutter sein"* heißt: Von allen gebraucht, von wenigen verstanden, von niemandem ersetzt. Kein Vertrag, kein Urlaub, keine Gehaltserhöhung – aber ein Job, der wie ein riesiger Witz aussieht, bis jemand anders ihn einen Tag übernehmen müsste. Dann erst merkt die Welt, dass „Mama" keine Bezeichnung ist, sondern ein Vollzeit-System. Und genau deshalb trägt sie den Titel ohne Urkunde – aber mit Stolz: MAMA.

So sehr wir es manchmal vergessen: Mama ist ein Mensch. Mit Nerven, mit Grenzen, mit echten Gefühlen – nicht nur mit Aufgaben. Und ja, diese Gefühle stapeln sich. Tag für Tag. Erst schlucken wir sie weg, dann parken wir sie „für später", und irgendwann kommt ein einziger Tropfen – und **BOOM**, die Explosion. Und genau das ist normal.

Die Situationen sind nicht das Problem – sondern wie wir hineingehen. Manchmal muss man kurz rauszoomen, von außen draufschauen, und das Chaos als Comedy statt als Katastrophe lesen. Denn vieles tut weniger weh, wenn man es nicht persönlich, sondern mit Abstand nimmt und im besten Fall mit Humor.

Dieses Buch ist genau dafür da: Ein Handbuch für großartige, erschöpfte, kurz-vor-Explosions-Mamas – mit 101 Wegen, nicht heiliger, nicht perfekter, sondern humorvoller und stabiler durch diesen Wahnsinn zu gehen.

Und wenn wir ehrlich sind: Dieser ganze Marathon hat ja nicht erst mit dem ersten Schrei begonnen – sondern schon viel früher, ab dem Moment, in dem jemand fragte: **„Und? Wann kommt das Baby?"**

Genau dort steigen wir jetzt ein.

KAPITEL 1

SCHWANGERSCHAFT

ALLE WISSEN PLÖTZLICH ALLES BESSER

1 „UND? WANN KOMMT DAS BABY?"

Kaum steckt der Ehering am Finger, glaubt die Welt, einen neuen Behördenposten eröffnet zu haben: *„Öffentliches Schwangerschafts-Kontrollamt"*. Tanten, Nachbarinnen, Kolleginnen, Zufallsbegegnungen an der Supermarktkasse – alle halten es plötzlich für ihre Pflicht, den Uterus der Frau terminlich zu überwachen. *„Na? Wird's bald?" „Worauf wartet ihr?" „Wie viele Kinder wollt ihr?" „Zwei sind perfekt, drei sind zu viel!" „Mit 40 hält der Körper das nicht mehr aus – danach drehst du durch!" „Mach's mit 30, dann hast du's hinter dir!" „Wenn du lange wartest, gewöhnt man sich ans freie Leben – dann willst du gar nicht mehr."*

Dass ein Baby eine Herzens-, Körper- und Lebensentscheidung ist, interessiert dabei niemanden. Hauptsache, man hat seine Meinung öffentlich abgegeben. Spätestens an diesem Punkt merkt man: Es geht nie um das eigene Leben – sondern darum, dass andere sich mit ihren Sätzen besser fühlen.

Weg, um nicht auszuticken:

Die Frage zielt nie auf dich als Mensch, sondern auf ihr eigenes Weltbild. Du musst weder erklären, noch dich rechtfertigen – ein kurzer Standardsatz reicht: *„Das ist privat und wir entscheiden das in Ruhe."*
Je weniger du dich verteidigst, desto schneller verstummt der Erwartungsdruck. Grenzen sind kein Angriff – sie sind Selbstschutz in höflicher Form.

2 HORMONE & SCHWANGERSCHAFTS-GEFÜHLE DELUXE

Schwangerschaft ist kein romantisches Pinterest-Bild, sondern eine emotionale Achterbahn ohne Anschnallgurt. Man kann in derselben Stunde über ein Katzenvideo weinen, über den Geruch von Brot würgen und gleichzeitig beleidigt sein, weil jemand *„Guten Morgen"* zu laut gesagt hat.

Man weint, ohne zu wissen warum – und wenn jemand fragt *„Warum weinst du?"*, fängt man einfach nochmal von vorn an. Man fühlt sich 5 Minuten lang wie eine Prinzessin, und 20 Minuten später wie ein geplatzter Wasserballon mit Weltschmerz im Gesicht.

Und das Verrückteste: Man denkt, das sei nur bei einem selbst so – bis man merkt, dass jede Schwangere heimlich mit feuchtem Taschentuch, Salzstangen und Schuldgefühlen lebt.

Weg, um nicht auszuticken:

Gefühle sind in dieser Phase keine Charakterfrage, sondern Chemie im Blut. Nichts davon definiert dich langfristig. Statt gegen Hormone anzukämpfen, hilft ein Satz wie:
„Das ist ein Gefühl, kein Schicksal."
Gefühl kommt – Gefühl geht. Du musst es nicht lösen, nicht verstehen, nur überleben – denn am Ende wächst daraus nicht Chaos, sondern ein Mensch, den du lieben wirst.

3 ÜBELKEIT, EKEL & EXISTENZKRISEN

Die Schwangerschaft ist die einzige Phase im Leben, in der man gleichzeitig verhungern und vor Essen fliehen kann. Man öffnet den Kühlschrank, riecht Tomaten – und plötzlich denkt man über den Sinn des Lebens nach, während man würgend wieder schließt. Man will essen, aber alles stinkt. Man nimmt einen Bissen – und denkt im selben Moment darüber nach, das Universum zu verlassen.

Der Körper reagiert wie ein Drama-Regisseur: Geruch, Tränen, Panik – alles in Sekunden. Dazu kommt der innere Monolog: *„Werde ich das überleben? Werden alle so? Warum wollte ich das noch mal?“* – mitten im Versuch, ein Stück Brot runterzubekommen.

Weg, um nicht auszuticken:

Übelkeit ist kein persönliches Scheitern, sondern Biologie auf Droge. Man muss sie weder schönreden noch heroisch ertragen. Das ist nicht für immer – man isst gerade für jemanden, der noch gebaut wird.

MINI-TRICK:
NICHT AUF GENUSS WARTEN – SONDERN AUF ÜBERLEBEN ESSEN. JEDER BISSEN IST KEIN FESTMAHL, SONDERN BAU-MATERIAL FÜRS BABY.

4 WENN DIE WAAGE MEHR DRAMA MACHT ALS DIE HORMONE

Am Anfang ist jedes fehlende Kilo ein Alarmknopf: *„Das Baby wächst nicht genug!“* Man fühlt sich sofort schuldig, als hätte man das Kind persönlich hungrig gelassen. Dann endlich: ein Plus auf der Waage – und plötzlich ist man erleichtert, fast stolz. *„Juhu, das Baby nimmt zu!“*

Und dann kippt es. Weil das Gewicht *„ja sowieso gebraucht wird“*, isst man mutiger... und dann gemütlicher... und irgendwann einfach alles, was nicht wegläuft. Die Hose kneift nicht? Egal – schwanger. Der Bauch hängt sowieso raus? Perfekt – noch ein Stück Kuchen. Bis der leise Gedanke kommt: *„Okay... aber WER nimmt das später wieder runter? Ich oder das Baby?“*

Weg, um nicht auszuticken:

Ziel dieser Phase ist nicht Victoria's-Secret-Bauch, sondern ein funktionierender Baby-Bau. Der Körper baut gerade Organe, Knochen und Nerven.

Trotzdem muss man sich nicht komplett in den *„Ich esse für zwei“*-Modus werfen. Wer mag, kann den Körper nett unterstützen: Spaziergänge, Schwangeren-Yoga, Aqua-Fitness oder Beckenboden-Kurse – nicht für schlank, sondern für Wohlgefühl (und gegen spätere Nies-Katastrophen). Nicht vergessen! Der Bauch wächst für jemanden, der später *„Mama, mehr Kakao!“* schreit. Und keine Panik! Die Figur kommt irgendwann zurück.

5 DIE ERSTE PANIK

Als ich erfuhr, dass ich schwanger bin, war mein Mann verreist. Ich schrieb nur: *„Komm SOFORT. Ich brauche dich.“* – völlig ohne Grund, einfach Drama, weil wir monatelang auf diesen Moment gewartet hatten. Und weil ich in dem Moment null Plan hatte, was man jetzt essen darf, habe ich zur Sicherheit gar nichts gegessen. Stunden später kam er nach Hause und fragte, warum ich verhungere. Ich antwortete: *„Lieber verhungern, als dem 2-mm-Embryo versehentlich eine gefährliche Banane zu servieren.“* Und wir haben gelacht: So beginnt also Mutterschaft.

Schwangere Frauen denken am Anfang, sie müssten sofort wie kleine Ernährungs-Professorinnen handeln – als gäbe es genau jetzt eine Prüfung vom Gesundheitsamt. Man googelt *„verbotene Lebensmittel“* fünf Minuten zu lang und plötzlich wirkt jede Küche wie ein Hochrisiko-Labor. Alles potenziell tödlich, außer vielleicht Leitungswasser – und selbst da zweifelt man kurz.

Weg, um nicht auszuticken:

Am Anfang weiß niemand, was *„richtig“* ist – man lernt erst unterwegs. Das Baby braucht keine perfekte Ernährung ab Minute 1, sondern eine Mutter, die nicht vor lauter Angst in Ohnmacht fällt. Wissen kommt nach und nach, Babys wachsen auch ohne Perfektionsmodus.

6 FEHLALARME & KRANKENHAUS ALS ZWEITWOHNSITZ

In der Schwangerschaft wird jeder Zieher, jeder Druck, jeder Furz im Bauch sofort als Weltuntergang interpretiert. Man googelt *„normale Schmerzen“* – liest aber immer nur Horrorfälle. Also landet man lieber *„zur Sicherheit“* im Krankenhaus. Nach dem dritten Besuch kennt man die Aufnahmeformulare auswendig, die Hebamme sagt schon *„Sie wieder?“* und man selbst liegt da wie Stammkunde mit Bonuskarte. Zwischendurch sitzt man im Kreißsaal vor dem Wehenmonitor und versucht die Hebamme zu überzeugen, als hinge der Einlass von diesem Satz ab: *„Schauen Sie! Da — da ist eine Wehe! Jetzt aber, oder?“* Man argumentiert mit dem CTG, als würde man ein Bewerbungsgespräch führen: *„Sehen Sie? Die Linie geht hoch! Das ist doch eindeutig!“*

Und am Ende heißt es jedes Mal: *„Alles gut, gehen Sie nach Hause und ruhen Sie sich aus.“* – als würde man zuhause auf einer Wellness-Liege wohnen und nicht in einem Haushalt mit echtem Leben.

Weg, um nicht auszuticken:

Fehlalarme sind keine Peinlichkeit, sondern der Preis für Verantwortung. Man fährt nicht ins Krankenhaus, weil man hysterisch ist, sondern weil man etwas beschützt, das man noch nicht greifen kann.

Pragmatische Hilfe: *Vor dem Losfahren einmal atmen, trinken, bewegen — wenn es bleibt, dann fahren. Nicht um sich zu rechtfertigen, sondern um Nerven zu sparen.*

7 DIE GEBURTS-GURUS & GEBÄRMÜTTER-EXPERTINNEN

Sobald klar ist, dass ein Baby zur Welt kommt, melden sich plötzlich Frauen, die weder im Raum noch im Körper dabei sind – aber in ihrem Kopf längst Chefärztinnen. Sie erklären mit voller Überzeugung, wie eine Geburt „richtig" zu funktionieren hat: Kaiserschnitt gilt für die einen als Kapitulation, für die anderen als Rettungstat. Wassergeburten werden entweder als das Natürlichste der Welt oder als hygienischer Albtraum dargestellt. PDA ist in den Augen der einen Schwäche, in den Augen der anderen Menschenrecht.

Man soll nicht liegen, sondern hocken – nicht essen, aber auch nicht hungrig sein – nicht schreien, aber auch nicht verkrampfen. Jede Meinung widerspricht der nächsten, doch alle treten mit derselben Haltung auf: als wüssten sie es besser als die Frau, die gerade gebärt.

Weg, um nicht auszuticken:

Geburt ist keine Volksabstimmung. Entscheiden darf nur, wer den Schmerz trägt – nicht wer daneben steht. Statt zu argumentieren, hilft eine innere Haltung:
Mein Körper, mein Schmerz, meine Geburt –
Kommentare sind Kulisse, nicht Leitung.

MOTTO DES TAGES:
GEBURT IST KEIN GRUPPENPROJEKT.
MEIN KÖRPER IST DER CHEF – DER REST IST PUBLIKUM.

„Aha. So sieht also mein neues Chaos-Revier aus."

8 WENN PRESSEN AN VERDAUUNG ERINNERT

Man stellt sich Geburt vor wie in Filmen: drei Schreie, ein Heldenschrei, Baby draußen. In echt sitzt man stundenlang da, presst wie bei Verstopfung deluxe – und nichts passiert, als würde der Körper sagen: *„Süß, sie versucht es."* Man denkt: *„Wenn ich beim Klo so gedrückt hätte, wäre längst etwas rausgekommen."* Die Hebamme sagt freundlich: *„Weiter so!"* – während man innerlich schreit: *„WAS weiter? Da IST nichts weiter!"* Nach endlosen Wehen der Punkt, an dem keine Fassung mehr übrig bleibt: Die Hand der Hebamme wird gequetscht und man schreit verzweifelt *„PDA! Jetzt! PDAAA!!!"* Die Antwort: ruhig, sachlich, fast lächelnd: *„Zu spät…"* Daraufhin der entsetzte Satz: *„Was passiert mit mir?"* Und die Hebamme, seelenruhig: *„Das Baby kommt."* Himmel und Hölle in einem Satz.

In diesem Moment versteht man, wie groß der Unterschied ist zwischen dem, was man sich vorgestellt hat – und dem, was der Körper tatsächlich mit einem macht. Kein Märchen, kein sanfter Übergang – reine, rohe Realität.

Weg, um nicht auszuticken:

Bei der Geburt wollen manche Frauen gehalten werden, andere würden in diesem Moment jeden anfassenden Arm abbeißen. Deshalb ist es sinnvoll, vorab Wünsche zu sagen. Dennoch können Gefühle sich unter Schmerz komplett drehen. Die sicherste Regel ist daher: Keine Diskussion – anpassen. Geburt kann man nicht planen, aber die Reaktion der Menschen im Raum kann flexibel sein.

KAPITEL 2

WOCHENBETT & STILLEN

MILCH, TRÄNEN, KOMMENTARE

9 DIE UNSICHTBARE SEITE NACH DER GEBURT

Nach der Geburt beginnt für das Umfeld sofort die *„Besuchs-Saison“*. Kaum ist die Nabelschnur ab – stehen Menschen mit Kuchen, Ballons und Kamera im Zimmer oder klingeln zuhause „nur kurz schauen“. Alle wollen das Baby halten und küssen – aber niemand merkt, dass die Frau körperlich aufgerissen, hormonell überflutet, schlaflos und seelisch im Ausnahmezustand ist.

Besonders „Hilfe-Besuche“ haben oft ihren eigenen Preis: Die Schwiegermutter kommt vermeintlich zur Unterstützung – doch statt Ruhe bringt sie Erwartung: Nach einer Nacht ohne Schlaf hört die frisch entbundene Frau Sätze wie: *„Kein Frühstück vorbereitet?“* Als wäre Heilung ein Luxus und nicht ein Vollzeitjob im eigenen Blutdruck. Die Botschaft, die ungewollt gesendet wird: Das Baby bekommt Empathie – die Mutter bekommt Leistungspflicht. Dabei bräuchte es genau jetzt das Gegenteil: Weniger Publikum, weniger Ansprüche, mehr Schutz für ein Leben, das gerade erst sortiert werden muss.

Weg, um nicht auszuticken:

Besuch ist kein Recht – sondern eine Erlaubnis. Grenzen in dieser Phase sind keine Unhöflichkeit, sondern Gesundheitsschutz. Ein einfacher Standardsatz reicht: *„Wir melden uns, wenn wir bereit sind.“* Wer das persönlich nimmt, war schlicht nicht reif genug für ein Neugeborenes – und das ist nicht dein Problem.

10 TAG DER OFFENEN TÜR

Kaum ist das Baby da, steht das halbe Telefonbuch im Wohnzimmer. Vier Familien, acht Kinder, zehn Erwachsene – alle in Festtagslaune, nur du nicht. Alle wollen *„nur mal kurz gucken“*. Kurz bedeutet in dem Fall: drei Stunden, zwei Kaffeekannen und ein Baby, das von Arm zu Arm gereicht wird, als wär's ein Wanderpokal. Jeder will's mal halten, küssen, knuddeln. Die Mutter? Ach ja, die sitzt in der Ecke, unbeweglich, mit Stilleinlage, halb liegend, halb überfordert, mit einem Gesichtsausdruck zwischen *„Ich bin glücklich“* und *„Ich will alle rauswerfen“*.

Und dann passiert es. Das Baby weint. Ein Zeichen, das normalerweise *„Gib's der Mama!“* bedeutet. Doch irgendjemand findet das eine großartige Idee und steckt dem Baby etwas in den Mund: den ungewaschenen Allzweckfinger. Die Mutter schaut fassungslos, lächelt aber trotzdem – weil Höflichkeit stärker ist als Instinkt. Und irgendwann, wenn die Tür endlich zufällt, kommt der Moment der Erkenntnis: Liebe bedeutet nicht, immer ganz nah zu sein – sondern manchmal, weit genug weg zu bleiben, damit Mutter und Baby in Ruhe ankommen können.

Weg, um nicht auszuticken:

Sag Nein zu Besuchen – nicht, weil du unhöflich bist, sondern weil du Zeit brauchst, um dich und dein Baby kennenzulernen. Erholung ist kein Luxus, sondern Bindungspflege. Wer euch wirklich liebt, kann warten – und bringt beim nächsten Besuch vielleicht Desinfektionsmittel statt Ratschläge mit.

„Wir sind nur mal kurz vorbeigekommen,
um zu schauen, ob du's wirklich geschafft hast."

11 LIEBE UNTER VERDACHT

Sobald du Mutter wirst, wird Liebe plötzlich zur Risikoaktivität. *„Nicht zu viel tragen, sonst gewöhnt es sich dran!“* Als wäre Nähe ein gefährlicher Stoff, den man vorsichtig dosieren muss – zweimal täglich, nach Bedarf. Du hältst dein Baby, weil es weint, und sofort kommt die Ferndiagnose aus dem Wohnzimmer: *„Ah, siehst du, jetzt hat's dich schon im Griff.“* Ja – emotional, herzlich, komplett. Und genau so soll es sein. Und selbst wenn es endlich schläft und du einfach nur leise ins Zimmer schaust, weil dein Herz dich zieht, ruft die Schwiegermutter aus dem Wohnzimmer: *„So oft brauchst du da nicht hin – mach lieber was im Haushalt.“*

Komisch, oder? Man erwartet, dass ein Baby Vertrauen aufbaut, aber wehe, es sucht Nähe. Dann ist es *„verwöhnt“*. Dabei ist das Einzige, was sich hier gewöhnt, dein Herz – an das Gefühl, gebraucht zu werden. Und irgendwann merkst du, dass diese Warnungen eigentlich nur Angst vor Bindung sind. Denn Liebe ist kein Training, sie ist Trost, Nahrung, Sicherheit – alles in einem Arm.

Weg, um nicht auszuticken:

Heb dein Kind, wann immer dein Herz es will. Es gewöhnt sich nicht an Arme – es gewöhnt sich an Geborgenheit. Und jedes Mal, wenn du es hältst, lernt es ein Stück mehr Vertrauen. Vertrauen in dich, in die Welt, in sich selbst. Denn Kinder, die genug Nähe bekommen, müssen sie später nicht ständig suchen. Und das ist vielleicht das schönste Geschenk, das du geben kannst.

12 „STILLST DU NUR?“

Du stehst da, dein Baby sechs Monate alt, rund, zufrieden, satt – das kleine Gesicht strahlt, die Händchen duften nach Milch. Dann kommt sie. Die Frau mit dem Blick, der alles weiß – oder zumindest denkt, sie tut's. *„Stillst du nur?“* fragt sie, mit diesem Tonfall, der klingt wie: *„Aha, interessant... riskant.“* *„Ja, nur stillen“*, sagst du. Kurze Pause. Ihr Blick wandert zum Baby, prüfend, wie auf einer Waage im Supermarkt. Dann kommt der Satz: *„Ah, dann würd ich weniger stillen. Der hat ja ganz schön zugenommen!“* Du blinzelst, lächelst höflich und denkst: *Weniger stillen? Soll ich Milchrationierung einführen?*

Und kaum hast du dich davon erholt, kommt der zweite Klassiker: *„Und iss nicht so viel Süßes, sonst wird die Milch zu fett!“* Klar. Weil Zucker anscheinend einen direkten Draht zur Brust hat. Vielleicht sollte ich auch aufpassen, nicht dass das Baby noch Schokolade im Atem hat. Du nickst wieder, während dein inneres Ich schon Popcorn holt, um dieser Show von ungefragten Tipps beizuwohnen. Dein Baby gähnt, du atmest durch – und denkst: Ich bin Mutter, keine Molkerei mit Qualitätszertifikat.

Weg, um nicht auszuticken:

Filter einschalten – nicht an der Milch, sondern bei den Menschen. Nicht jeder Kommentar braucht Reaktion. Wenn jemand wieder sagt: *„Die Milch ist bestimmt zu reichhaltig“*, lächle einfach und sag: *„Ja, sie ist mit Liebe angereichert – ganz ohne Zuckerzusatz.“*

Er ist... rund.
Professionell rund.
Sehr rund.
Er ist ruhig.
Verdächtig ruhig.
Er schaut so unschuldig.
Das täuscht.
Definitiv.
Dick. Süß. Aber... gefährlich.
Extrem!

13 SCHLAFTRAINING MIT WHATSAPP-COACHES

Es gibt diese Methode, die man dir mit ernster Stimme erklärt: *„Licht aus, Tür zu. Sie wird weinen. Aber irgendwann schläft sie. Das ist Erziehung, kein Schmerz."* Als Mutter hab ich's geglaubt. Beim ersten Kind. Ich wollte alles richtig machen, so wie man's in den Ratgebern liest. Also stand ich da, im Flur, Licht aus, Herz an. Das Weinen begann leise, dann lauter, dann brach etwas in mir. Ich wartete, wie sie sagten. Fünf Minuten. Zehn. Fünfzehn. Die Nachrichten kamen: *„Bleib stark." „Sie muss das lernen."* Aber keiner schrieb: *„Geh rein. Sie braucht dich."*

Und als ich es nicht mehr ausgehalten hab, ging ich doch. Ich hob sie hoch, ihr kleiner Körper zitterte noch, aber kaum war sie in meinen Armen, wurde alles still. Sie schlief – und ich weinte weiter. Das war der Moment, in dem ich begriffen hab, dass nicht jede Methode Liebe kennt. Dass Nähe kein Fehler ist, und Weinen kein Training. Vielleicht ist es für manche eine Theorie, vielleicht sogar eine Methode – aber nicht jede Erziehung passt zu jedem Kind. Am Ende lernt jede Mutter ihr eigenes Handbuch – mit jedem Atemzug ihres Kindes neu.

Weg, um nicht auszuticken:

Es gibt keine perfekte Methode. Nur dein Kind – und dein Gefühl. Lies weniger, fühl mehr. Denn kein Ratgeber der Welt kennt den Herzschlag deines Kindes so wie du. Du hast nicht versagt, weil du dein Kind getröstet hast. Du hast gesiegt, weil du auf Liebe gehört hast.

14 BIO, BREI & BESSERWISSEN

Die einen schwören auf Dinkel, Hirse und Bio-Möhre, die anderen leben nach dem Motto: *„Hauptsache, es isst überhaupt!“* Und irgendwo dazwischen sitzt du – mit einem kalten Brei in der Hand und einem schlechten Gewissen im Kopf.
Plötzlich wird Ernährung zum Wettbewerb. Wer kocht frischer, püriert feiner, füttert klüger? Einmal Gläschen – und du bist die Instant-Mutter. Einmal selbst gekocht – und du wirst zur Heiligen erklärt. Dabei willst du eigentlich nur, dass dein Kind satt wird. Und dann kommt der Klassiker: *„Du kochst nicht selbst? Ich könnte das ja nicht.“ Ja, aber du schläfst auch. Und ich nicht.* Manchmal ist Liebe eben kein Dampfgarer, sondern ein Löffel voller Geduld. Denn das Kind braucht nicht die perfekte Mahlzeit – es braucht eine entspannte Mutter, die beim Füttern lächelt. Brei aus dem Glas oder aus der Seele – Hauptsache, es schmeckt nach Liebe.

Weg, um nicht auszuticken:

Nimm den Druck vom Herd. Du bist keine Sterneköchin, du bist Mutter – und das ist ohnehin der härteste Job der Welt. Wenn's dem Kind schmeckt und du dabei nicht weinst, ist's perfekt geglückt. Vergiss die Tabellen, die Vergleichslisten, die endlosen Ernährungstipps. Kinder erinnern sich später nicht daran, ob ihr Brei handgedämpft oder aus dem Glas war – sie erinnern sich an dein Lächeln beim Füttern, an deinen Blick, an Geborgenheit. Du darfst alles geben, aber du musst nicht alles schaffen. Du darfst's versuchen – aber wenn's mal nicht klappt, dann bitte: schenk dir Nachsicht statt Schuldgefühle. Liebe hat keine Zutatenliste.

15 BEI DEN GROSSELTERN GELTEN ANDERE GESETZE

Zu Hause läuft alles nach Plan – mehr oder weniger. Es gibt feste Essenszeiten, begrenzte Süßigkeiten und klare Regeln. Und dann... kommen die Großeltern. Dort verwandelt sich dein Kind in ein kleines Königskind. Schokolade zum Frühstück? Kein Problem. Gummibärchen als Gemüseersatz? Läuft. Und wenn du kurz erwähnst: *„Bitte kein Fernsehen vor dem Schlafengehen"*, heißt es nur: *„Ach, bei uns darf das, ist ja Wochenende."*

Oma und Opa nennen es Liebe. Du nennst es: zwei Tage Zucker-Detox danach. Und trotzdem – du kannst ihnen kaum böse sein. Weil du weißt: Diese Großeltern-Magie ist eine andere Art von Liebe. Eine, die nach Vanillepudding, Kuscheldecke und Nachsicht duftet. Ja, du darfst genervt sein, wenn sie Grenzen dehnen. Aber du darfst auch dankbar sein, dass deine Kinder Menschen haben, die sie mit Schokolade, Geduld und Geschichten überschütten.

Weg, um nicht auszuticken:

Mach Frieden mit der Tatsache, dass bei Oma Kalorien nicht zählen. Setz Grenzen, ja, aber gönn den Großeltern ihre eigene Art von Magie. Denn was heute nach Chaos aussieht, wird morgen Kindheitserinnerung.

MOTTO DES TAGES:
BEI OMA SCHMECKT ES NICHT NACH SCHOKOLADE – SONDERN NACH LIEBE.

„Ja, ja, meine Liebe. Ihm geht's super –
ich habe ihm gerade sein Mittagessen gegeben."

16 KLEIDERSCHRANK DER VERLORENEN IDENTITÄTEN

Du öffnest den Kleiderschrank – und plötzlich ist es da, das ganze Leben in Stoff. Da hängen sie, die Überreste deines früheren Ichs: Jeans, die dich damals kaum halten konnten, Blusen, die nie genug Luft zum Atmen ließen, und Kleider, in denen du dich leicht, aber nicht wirklich frei gefühlt hast.

Heute passt davon kaum noch etwas. Und das ist okay. Weil du dich verändert hast. Schwangerschaft, Stillzeit, Alltag, Verantwortung – all das hat Spuren hinterlassen, als Zeichen, dass du gelebt hast.

Die Sachen, die früher nach *„Ich bin bereit für die Welt!"* geschrien haben, sehen jetzt aus wie Kostüme aus einer anderen Zeit. Und trotzdem hebst du sie manchmal auf, so wie man alte Fotos behält, mit der heimlichen Hoffnung, dass du irgendwann doch wieder von 46 in die 38 reinschlüpfen kannst – einfach, um zu sehen, ob's noch geht. Nicht aus Druck, sondern aus purem Trotz und ein bisschen Nostalgie.

Weg, um nicht auszuticken:

Mach Frieden mit deinem Schrank. Fühl dich nicht gezwungen, alles aufzubewahren, nur weil du's *„nur drei Mal anhattest"*. Wenn's nicht passt, dann passt's eben nicht – weder körperlich noch emotional. Dein Wert hängt nicht an Etiketten, und dein Stil wächst mit dir, nicht mit der Kleidergröße.

17 SCHLAFLOSE NÄCHTE, SCHREIKONZERT & KOLIKEN

Die ersten Nächte mit Baby haben nichts von diesem „Milchduft und Sternenlicht“-Märchen. Es ist ein Schichtbetrieb ohne Plan: hinlegen – aufstehen – tragen – wippen – hoffen – und wieder von vorn. Schlaf existiert nur als Erinnerung.

Koliken verwandeln den Abend in eine Art emotionales Fitnessprogramm: Baby schreit, Mutter wippt mit totem Blick, Vater steht daneben und googelt „ab wann sterben Eltern an Müdigkeit“. Und irgendwann sitzt man um 03:47 Uhr im Wohnzimmer, ungeduscht, halb blind, mit kaltem Kaffee und verhandelt mit einem 3-Kilo-Menschen wie mit einem Mafiaboss: „Bitte. Nur zehn Minuten. Ich gebe dir ALLES... nur SCHLAF.“

Weg, um nicht auszuticken:

Nachts ist nicht der Moment für perfekte Erziehung, sondern für Grundversorgung. Schlafmangel macht jeden Menschen weich im Kopf – das ist biochemisch, nicht charakterlich.

Der einzige kluge Satz für diese Phase lautet: „Diese Nächte definieren mich nicht – sie gehen vorbei.“ Und wenn sie vorbei sind, erinnert man sich – nicht nur wie stark man war, sondern auch dass man es überlebt hat. Für ein Wesen, das eines Tages „Mama“ sagen wird.

18 STILLEN ZWISCHEN HELDENTAT UND HORRORFILM

Erst wird alles gegessen, was „Milch macht“ – dann kommt plötzlich zu viel Milch, das Kind trinkt nicht, alles staut sich, die Brust wird zu Beton, also wird eine Pumpe aus der Apotheke ausgeliehen. Pumpe an, Schmerz an, Risse, Blut – aber Hauptsache die ml-Zahl im Behälter steigt und man fühlt sich kurz wie eine erfolgreiche Molkerei.

Das Baby trinkt trotzdem nicht, also wandert die Milch literweise in den Tiefkühlschrank – ganze Schubladen wie ein privates Muttermilch-Depot. Dann, weil die Brust zu viel produziert, kommen kalte Kompressen, Kohlblätter, Kühlung – man versucht nun die gleiche Produktion zu stoppen, die man vorher mit Gewalt hochgefahren hat. Gleichzeitig Kommentare von außen:
Die eine sagt: *„Nicht so viel stillen, das Kind wird fett.“*
Die andere sagt: *„Du MUSST stillen, sonst fehlt Bindung.“*
Wer nicht stillen kann, bekommt ungefragt 32 Tipps und ein schlechtes Gewissen gratis und als Bonus noch den Satz: *„Fertigmilch? Das würde ich nie geben...“*

Weg, um nicht auszuticken:

Stillen ist kein Wettbewerb und kein spirituelles Ritual. Es geht nicht darum, alles richtig zu machen – sondern darum, dass das Kind versorgt ist. Das Baby braucht nur eine stabile Mutter, nicht eine Mutter, die sich selbst aufopfert. Sinnvoll ist, was beide überleben lässt – nicht das, was von außen „ideal“ klingt. Ob Plan A oder Plan B: Entscheidend ist nicht der Weg, sondern dass am Ende ein ruhiger Kopf und ein sattes Kind übrig bleiben.

19 MAMA ALS SCHNULLER

Es gibt eine Phase, in der Stillen nichts mehr mit Hunger zu tun hat. Das Kind ist satt, die Augen halb zu – aber die Brust bleibt im Mund wie ein eingebauter Einschalt-Knopf für Frieden. Nicht Ernährung, sondern Regulierung. Tag und Nacht, im Halbschlaf, im Seitenschlaf – die Brust wird nicht getrunken, sondern verwaltet. Und das eigentlich Gemeine daran: Es funktioniert jedes Mal.

Doch dafür zahlt jemand einen Preis – die Mutter. Nur um das Baby ruhig und glücklich zu halten, fährt sie ihre eigenen Nerven immer weiter runter.

Und so entsteht der Teufelskreis: Die Mutter verbrennt sich, damit das Baby friedlich bleibt – dabei gilt umgekehrt eigentlich die Regel: Wenn die Mutter nicht stabil ist, wird auch das Baby nicht lange stabil bleiben.

Weg, um nicht auszuticken:

Nicht sofort abgewöhnen, sondern Schritt für Schritt entkoppeln. Erst stillen zum Beruhigen, dann im Halbschlaf lösen und mit Wiegen/Handauflegen weiter. Ziel ist nicht Perfektion – sondern dass weder Nerven noch Brust zusammenbrechen.

20 STILL-DRAMA

Die Ironie der Mutterschaft in einem Satz: Monate lang wird alles darangesetzt, das Baby an die Brust zu gewöhnen – mit Salben, Positionen, Hebammen-Tipps, Tränen, Schmerzen, Pumpen und Geduld — und kaum hat es endlich perfekt gelernt, soll man es wieder abgewöhnen.

Und parallel dazu läuft Version 2 vom gleichen Wahnsinn: der Schnuller. Erst wird jeder Schnuller im Laden probiert — rund, flach, kirschförmig, orthodontisch, aus Naturkautschuk, aus Silikon, mit Glitzer, ohne Glitzer — nur damit das Kind ihn endlich nimmt und Ruhe einkehrt. Dann, Monate später, heißt es plötzlich: *„Jetzt musst du den Schnuller aber wieder loswerden — sonst Zahnfehlstellung, Sprachfehler, Sucht, Weltuntergang!“*

Weg, um nicht auszuticken:

Abgewöhnen ist kein Notfall, sondern eine Luxusaufgabe für Tage, an denen man nicht schon innerlich brennt. Keine Sorge — Babys gewöhnen sich an fast alles, aber Mütter brechen schneller als man denkt, wenn man es zur falschen Zeit versucht. Erst Nerven runterkühlen — dann Erziehungs-Experimente.

KAPITEL 3

KLEINKIND-ALLTAG:

KLEINE HINTERN, GROSSE KATASTROPHEN

21 SABBER, SCHREIE – MINI-ZÄHNE, MAXI-DRAMA

Nichts bereitet einen darauf vor, was ein paar Millimeter Knochen unter Zahnfleisch auslösen können. Das Baby verwandelt sich über Nacht von *„goldenes Engelchen"* zu *„wütende Zuckerwatte mit Speichelproduktion"*. Alles wird gekaut: Finger, Spielzeug, Decke, Möbelkante, Fern-bedienung – und, wenn Pech, auch die müde Mutterbrust. Der Sabber läuft wie undichte Wasserleitung, Lätzchen werden im Akkord gewechselt, und das Weinen kommt in Intervallen wie ein Alarm mit Timer. Dazu das Bonus-Level: Fieber & rote Bäckchen. Diese 38,5 °C, bei denen jede Mutter in Sekunden vom normalen Menschen zur lebenden Notaufnahme wechselt.

Das Gemeine: Man sieht lange nichts – aber man spürt alles. Erst Hölle – dann plötzlich ein weißer Punkt. So klein, so unschuldig und dafür drei Wochen Nervenzusammenbruch.

Weg, um nicht auszuticken:

Zahnen ist kein Erziehungsfehler – es ist Baustellenlärm im Kopf eines Babys. Was die Mama tun kann? Erst mal cool bleiben – es ist nur eine Phase.

- Kühlen statt diskutieren: Beißring, kalter Löffel, Kühlschrank-Gemüse (unter Aufsicht).
- Schmerz lindern mit Fieberzäpfchen bei Bedarf.

MOTTO DES TAGES:
ENTSPANN DICH – ES IST NUR EIN ZAHN. WARTE, BIS MATHEHAUSAUF-GABEN KOMMEN.

22 WC-BESUCH MIT PUBLIKUM

Früher war Toilette: Rückzug, Frieden, Gedanken sortieren.
Nach Kindern ist Toilette: Open-Air-Veranstaltung mit Live-Publikum. Das Kind weint, klopft, steckt Finger unter die Tür oder reißt sie ganz auf. Später, wenn sie größer werden, wird nicht mehr geweint – man sitzt dort und plötzlich stehen zwei Augen auf Türhöhe, dazu ein Kommentar wie:
„Mamaaa, was machst du?" – „Rate mal."
*„Kann ich rein?" – **„NEIN!"***

Man versucht abzuschließen – Kind findet Haarnadel oder Legostein und knackt die Tür wie ein kleiner Einbrecher. Man wird nicht einmal für Grundbedürfnisse in Ruhe gelassen. Und wenn man sagt: *„Geh bitte raus"*, kommt die legendäre Antwort: ***„Warum?"*** Während draußen das volle Leben weiterläuft, scheint ausgerechnet in dieser einen Minute jeder etwas von einem zu wollen – und wenn sie nicht reinkommen dürfen, sprechen sie eben durch die Tür. Toilettenzeit ist dann Service-Zeit:
„Mama wo ist meine Hose?"
„Kannst du unterschreiben?"
„Darf ich Schokolade?"

Weg, um nicht auszuticken:

Nicht mit Argumenten kämpfen – kurz und klar ritualisieren:
„Toilette = 1 Minute warten. Danach kannst du reden."
Wer später Grenzen setzen will, muss die ersten Grenzen in dieser 1-Quadratmeter-Arena üben.

23 TROTZ, PHASEN, MINIPUBERTÄT

Sobald Kinder das Wort *„nein"* entdecken, benutzen sie es nicht als Vokabel, sondern als Lebensstil. Plötzlich ist jeder Alltag ein Verhandlungstisch: Ein falscher Teller kann zu Tränen führen, eine Jacke mit falscher Farbe zu einem Weltuntergang, und allein der Satz *„Schluss jetzt"* kann ein Drei-Akte-Drama auslösen. Diese kleinen Menschen werfen sich ohne Vorwarnung auf den Boden, schreien wie im Stadion und schauen dabei, als hätte man gerade ihre Menschenrechte verletzt.

Die Minipubertät ist ein kostenloser Probelauf für die echte Pubertät. Sie sorgt dafür, dass Eltern mitten im Supermarkt so tun, als sei es völlig normal, wenn ein Zweijähriger sich auf die Fliesen wirft wie ein wildgewordenes Äffchen. Spätestens da versteht man: Kinder sind nicht da, um unser Leben einfacher zu machen – sie sind Fitnessgeräte fürs Nervensystem.

Weg, um nicht auszuticken:

Ein Trotzanfall ist kein persönlicher Angriff, sondern ein Autonomie-Test. Das *„Nein"* des Kindes heißt nicht *„gegen dich"*, sondern *„für mich"* – ein erster, primitiver Versuch von Identität: *„Habe ich Einfluss oder bin ich nur Mitfahrer?"* Darum lohnt es sich nicht, in diesem emotionalen Feuer zu diskutieren. Erst runterfahren lassen, dann erklären. Erst Gefühle beruhigen, dann Regeln bringen. Ein Kind, das trotzt, ist kein Problemfall – es trainiert Selbstständigkeit und du trainierst Selbstbeherrschung.

24 VON MAKE-UP ZU „ER WAR AUFS TÖPFCHEN"

Es gibt ein Leben vor den Kindern, in dem man mit Freundinnen über Lippenstift-Farben, neue Schuhe, Parfumnoten oder Serienfinale spricht. Und dann gibt es das Leben nach den Kindern – in dem dieselben Frauen sich mit funkelnden Augen zuraunen: *„Er hat heute aufs Töpfchen gemacht!"* und alle reagieren, als hätten sie von einer Oscar-Verleihung berichtet.

Doch hinter diesem scheinbar lächerlichen Jubel steckt nicht Oberflächlichkeit, sondern blanke Erschöpfung – denn Töpfchentraining ist kein süßes Kinderfoto-Moment, sondern ein Nerven-Marathon: Kinder sitzen 40 Minuten ohne Ergebnis – und pinkeln exakt in dem Moment in die Hose, in dem man frustriert aufgibt. Sie behaupten überzeugt *„Ich muss nicht"* – und hinterlassen fünf Minuten später eine warme Spur hinter dem Sofa. Sie weigern sich auf dem Töpfchen zu kacken – legen es aber wie eine Paketlieferung im Wohnzimmer ab. Und während das Kind stolz davonläuft, kniet irgendwo eine Mutter mit Feuchttüchern am Boden.

Weg, um nicht auszuticken:

Das Kind lernt nicht „auf Kommando", sondern durch Wiederholung und Fehlversuche. Anstatt jedes Mal innerlich zu explodieren, hilft es, den Maßstab zu ändern: Nicht *„heute sauber"* ist der Sieg – sondern *„heute ein Schritt weiter als gestern"*. Töpfchen dorthin, wo Fehlschläge leicht zu putzen sind, Wechselklamotten bereit, Erfolge loben – Rückfälle nicht dramatisieren. Was heute Teppich trifft, trifft morgen vielleicht endlich das Töpfchen.

25 DUSCH-DRAMA IM KLEINKINDALTER

Schon bevor auch nur ein einziger Tropfen das Kind berührt, weißt du, was kommt. Du drehst den Wasserhahn minimal auf – nur ein *„pschhhh"* – und dein Kind verwandelt sich sofort in ein kreischendes Bündel Panik. Denn bei manchen Kindern reicht nicht das Wasser, sondern allein der Klang davon, um das komplette Drama zu starten.

Und dann beginnt der tägliche Endgegner-Kampf: Du versuchst, ein flutschiges, kreischendes, wegrennendes Wesen irgendwie zu waschen, während es dich so ansieht, als würdest du es in einen brennenden Vulkan halten. Schon ein Hauch Wasser im Gesicht reicht, und die Welt geht unter. Es schreit, klammert sich fest, windet sich wie ein nasser Aal – dabei hat das Wasser ihn nicht einmal berührt. Und du fragst dich zwischendurch, ob die Nachbarn vielleicht gerade überlegen, die Polizei zu rufen – weil es sich anhört, dass du eventuell dein Kind gerade folterst. Dann drehst du das Wasser ab. Stille. Als wäre nie etwas gewesen.

Weg, um nicht auszuticken:

Lass dein Kind vorher mit einem Becher, einer kleinen Gießkanne oder einer Puppe *„üben"*, damit es sieht: Kontrolle ist möglich. Waschhandschuh über die Augen, Kopf leicht nach hinten – schon wirkt jeder Tropfen viel harmloser. Redet vorher ab: *„Erst Körper, dann Haare"*, damit kein Schreckmoment kommt. Und das Wichtigste: ganz viel Lob, kleine Schritte, kurze Duschen. Manche Kinder brauchen Sicherheit, keine Eile. Je entspannter du bleibst, desto eher merkt dein Kind: Wasser ist kein Feind – nur ein lauter Freund.

26 KACKA HINTER DEM SOFA & KINDLICHE FASZINATION

Kinder sind Forscher. Sie untersuchen Ameisen, Schrauben, Knöpfe, Staubflusen – und an manchen Tagen eben auch ihre eigene Kacka. Für Erwachsene ist das der absolute Horror, für Kinder ist es ein wissenschaftliches Spitzenprojekt: *„Ah, so sieht das also aus! Was passiert, wenn ich es von ganz nah anschaue?“* Kein Ekel, keine Scham – nur pure Forschungslust im Mini-Format. Und das passiert nicht mal im Bad. Nein, manche Kinder suchen sich lieber ein spannendes Labor wie... die hintere Seite des Sofas. Du findest die Spur, das Kind findet es *„interessant“*, und du findest heraus, dass du definitiv nicht genug Desinfektion im Haus hast.

Die kindliche Experimentierfreude endet damit nicht. Kinder begutachten ihr Werk gern überall: Sie wollen ihr eigenes Glas Milch einschenken, um zu testen, wie voll ein Glas sein kann – und der Tisch wird zum Milchsee. Sie wollen *„selber putzen“*, um zu sehen, wie eine Klobürste funktioniert – und das Bad sieht danach wie Tatort aus. Sie entdecken Mehl und Eier, um herauszufinden, wie sich beides anfühlt und bewegt – und die Küche verwandelt sich in eine Backstube nach einer Explosion.

Weg, um nicht auszuticken:

Diese Situationen sind keine Absicht gegen dich, sondern Neugier ohne Erfahrung. Das Kind experimentiert – die Mutter beseitigt. Statt jedes Mal zu schimpfen, lohnt es sich, vor dem nächsten *„Ich mach das allein“* eine Grenze ein-zubauen, z. B.: *„Wir machen das zusammen.“* So kontrolliert man nicht das Kind, sondern das Umfeld, bevor der kleine Forscher startet.

27 WENN DIE KINDER PLÖTZLICH SCHWEIGEN

Lärm ist normal. Streit ist normal. Geheule ist normal. Stille dagegen ist Alarmstufe Rot. Wenn Kinder plötzlich still sind, dann schlafen sie nicht – sie arbeiten.

Stille bedeutet oft: Tapete wird in Archäologie-Schichten abgezogen, neue Möbel werden als Kunstleinwand benutzt, Pflanzenblätter werden chirurgisch amputiert, das komplette Spülmittel leert sich in die Spüle, und frisch gefaltete Kleidung verteilt sich wie Konfetti im ganzen Zimmer. Ein Kind, das fünf Minuten ruhig ist, arbeitet selten an seiner Zukunft – sondern an deiner Geduldsgrenze.

Während du in der Küche den Besuch vorbereitest, wird im Kinderbett ein „Schlafsand" aus Zucker und Salz gemischt, im Bad die Seife zu Schleim gerieben und das Klopapier bis zur letzten Lage abgerollt. Und während du am Abend denkst *„Endlich mal Ruhe"*, schreibt bereits ein stilles Kind mit Edding auf die Wand oder füttert den Heizkörper mit Knete, als wolle es später warme Überraschungen produzieren.

Weg, um nicht auszuticken:

Dieses Chaos gehört zur Lernphase – Kinder testen die Welt, nicht dich. Statt zu schreien lieber vorher Gefährliches entfernen, und ungefährliches unter Aufsicht bewusst zulassen. Ruhig erklären statt *„Du verstehst das nicht"* – sie lernen durch Wiederholung und Tonfall, nicht durch Druck. Kleine Fortschritte loben wirkt mehr als Ärger.

28 DAS RÄTSEL DER VERSCHWUNDENEN SPIELSACHEN

Mit Kindern entsteht in jedem Zuhause ein geheimnisvolles Phänomen: ein Schwarzes Loch, das ausschließlich Kleinkram frisst. Keine Teller, keine Jacken – nur das, was man wirklich JETZT bräuchte: Einzelne Socken, Haarspangen, das eine Puzzle-Teil, Lego-Mikroteile, den dringend benötigten USB-Stick und an besonders eleganten Tagen sogar den Ehering.

Man sucht zuerst normal, dann verzweifelt, dann spirituell. Und wenn man endlich findet, dann nie dort, wo Vernunft wohnen würde, sondern dort, wo nur Kinderlogik Gültigkeit hat: Schlüssel im Spielherd, Fernbedienung im Puppenbett, Hausschuh im Kühlschrank, Spangen im Töpfchen... Und wenn man in Eile das Haus verlassen will, findet man das Auto wieder, das wie ein Legostachel in die Fußsohle bohrt – sorgfältig im Schuh geparkt, damit es *„nicht verloren geht"*.

Weg, um nicht auszuticken:

Diese Verluste sind kein Chaos, sondern Alltag mit kleinen Menschen. Kinder verstecken Dinge nicht aus Bosheit – sondern aus Logik in ihrer Welt. Statt sich zu ärgern, hilft es, wichtige Kleinteile grundsätzlich „kindersicher hoch" zu lagern und Funde ohne Drama wieder einzusortieren. Man spart Nerven, wenn man akzeptiert: Was heute verschwindet, taucht irgendwann wieder auf – oder bleibt für immer im Paralleluniversum der Kinderlogik verschwunden.

29 MAMA - DAS LEBENDE NAVIGATIONSSYSTEM DES HAUSES

In jedem Haushalt mit Kindern gibt es nur ein funktionierendes Suchsystem – und es ist keine App, kein Chip und kein Tracker. Es heißt: *„Mama, wo ist es...?"* Der Vater sucht 8 Sekunden, erklärt dann offiziell: *„Es ist weg."* Das Kind steht mitten im Raum, dreht sich im Kreis und sagt: *„Ich finde es nicht."*

Und die Mutter – ohne aufzustehen, ohne hinzuschauen – nennt präzise Koordinaten wie ein menschliches GPS: *„Obere Schublade, rechts unter dem blauen T-Shirt hinter dem Block."* Und dort liegt es. IMMER. Mama lokalisiert Dinge, die sie nie selbst berührt hat, die sie nie gesehen hat und die eigentlich seit Tagen verschwunden waren. Sie ist Google, Maps und Archiv in einem Körper.

Weg, um nicht auszuticken:

Jedes *„Mama, wo ist...?"* ist eine Einladung zur Bequemlichkeit. Wer immer findet, erzieht keine Sucher, sondern Finder-Verweigerer. Ordnung entsteht nicht durch Perfektion, sondern durch Routinen. Wenn sie merken, dass sie Dinge selbst finden können, lernen sie Verantwortung – und Mama gewinnt ein Stück geistige Ruhe zurück. Und wer seine Socken selbst findet, findet später auch den Lebensweg – sonst steht die Tochter mit 30 immer noch am Telefon und fragt, wie man Reis kocht.

MOTTO DES TAGES:
„WO DU ES HINGELEGT HAST – DA IST ES AUCH."

30 FIEBER – KATASTROPHEN IM KINO

Wenn das Kind Fieber bekommt, verwandelt sich jedes Zuhause in ein emotionales Katastrophenkino. Der Vater googelt sofort *„ab wann ist es gefährlich"* – und landet fünf Minuten später bei Foren, in denen jedes Kind mindestens Intensivstation braucht. Die Mutter steht mit Thermometer in der Hand, schwankt zwischen Panik, Verantwortung und dem Versuch, ruhig zu wirken. Das Kind selbst? Heiß, schwitzend, aber trotzdem energiegeladen genug, um mitten im Drama *„Mamaaa, ich will Eis!"* zu verlangen.

Fiebernächte sind ein Wechselspiel zwischen Hoffnung, Müdigkeit und Selbstzweifel: Man streichelt Stirnen, zählt Minuten, pustet, misst, betet – und fragt sich zwischendurch, ob das Thermometer spinnt oder man selbst. Und während man glaubt, schlimmer kann's nicht werden, fällt einem ein, dass die Medikamente leer sind. Natürlich. Samstagabend.

Weg, um nicht auszuticken:

Fieber ist kein Feind, sondern ein Zeichen, dass der Körper arbeitet. Kinder brennen kurz, um stärker zurückzukommen. Was Eltern wirklich brauchen: weniger Panik, mehr Gelassenheit. Und wenn gar nichts hilft: Serien an, Kerze an, Mama auf Sofa — denn auch im Katastrophenkino darf man Popcorn essen.

MOTTO DES TAGES:
„WENN DAS KIND GLÜHT, DARF DIE MUTTER NICHT DURCHDREHEN – EINER REICHT."

31 KINDER SPÜREN ALLES

Du hast alles gegeben. Vier Gute-Nacht-Geschichten, drei Mal *„nur noch ein Lied"*, fünf Runden Kuscheln und siebzehn Küsse auf die Stirn. Du hast gesungen, gestreichelt, geatmet, bis selbst deine Wimpern müde waren. Und dann – endlich – schläft das Kind. Oder du denkst, es schläft. Ganz vorsichtig legst du es ins Bett, wie einen Sprengsatz, der bei der kleinsten Bewegung losgeht. Du hältst kurz den Atem an, gehst auf Zehenspitzen aus dem Zimmer, und in dem Moment, in dem du dich erleichtert auf dein eigenes Kissen sinken lässt, hörst du es: *„Maaamaaaa!"*

Manchmal fragst du dich, ob Kinder heimlich mit einem Bewegungssensor geliefert werden. Sie spüren, wenn du loslässt. Wenn du dich hinsetzt, hinlegst, oder – Gott bewahre – kurz lächelst. Dann wachen sie auf. Mit Durst. Mit Albträumen. Oder einfach mit der tiefen Überzeugung, dass jetzt die perfekte Zeit ist, um über Fische ohne Füße zu reden. Du bist zu müde, um zu schimpfen. Du seufzt, nimmst sie wieder in den Arm, und merkst, wie dein Herz trotz allem weich wird. Weil dieser kleine Mensch einfach spürt, dass du da bist – und das reicht ihm schon.

Weg, um nicht auszuticken:

Mach dich frei vom Gedanken, dass Schlaf gleich Erfolg ist. Manchmal ist Liebe lauter als Müdigkeit. Einmal tief durchatmen, und wenn du dich fragst, ob du das schaffst: Ja, tust du – jede Nacht aufs Neue. Und irgendwann, wenn niemand mehr *„Mamaaa"* ruft, wirst du wünschen, sie hätten's noch einmal getan.

KAPITEL 4

GESCHWISTER

LIEBE, KRIEG & FLIEGENDE BARBIES

32 „SCHON WIEDER?" – DIE ZWEITE SCHWANGERSCHAFT

Die erste Schwangerschaft? Alle rasten aus. Glückwünsche, Geschenke, Herzchen, *„Wie schön!"* Die zweite? Plötzlich wird gratuliert wie bei einem verlorenen Lottoschein: *„Oh… schon wieder?" „War das geplant?" „Ui, die sind ja nah beieinander…"* Und man lächelt, während innerlich ein kleiner Teil denkt: *„Sorry, ich wusste nicht, dass ich dich um Erlaubnis fragen muss."*

Es ist faszinierend, wie schnell aus *„Wie toll, du wirst Mama!"* ein *„Oje, das wird anstrengend…"* wird. Jede Freude wird mit einem Warnhinweis geliefert. Niemand fragt, ob du dich freust – alle erklären dir stattdessen, dass du müde sein wirst, keine Zeit mehr für dich haben wirst, und dass du *„jetzt wirklich aufpassen musst"*. Und das Beste: Genau die, die beim ersten Kind *„Wann kommt das zweite?"* gefragt haben, sind jetzt dieselben, die sagen: *„Na, das ging aber schnell."* Man kann's ihnen einfach nicht recht machen — und das ist die erste große Lektion im Mehrkind-Leben.

Weg, um nicht auszuticken:

Freude ist kein Gruppenprojekt. Man muss sie nicht teilen, um sie fühlen zu dürfen. Zweite Schwangerschaft bedeutet doppelt Chaos, ja – aber vor allem doppelt Liebe. Die Gesellschaft darf denken, was sie will — du darfst fühlen, was du willst. Und wenn jemand wieder *„Ohje, du Arme"* sagt, lächele und antworte einfach mit einem Lächeln: ***„Manche Dinge plant das Herz besser als der Kopf."***

Mama, wenn ich mich im Spiegel anschaue, denkt der Spiegel, ich wohne da drin?

Kann man Maul-würfe ins Maul werfen?

Warum schnarcht Papa so laut? Redet er im Traum mit Monstern?

Haben schwangere Frauen ihre Babys gegessen?

Pupsen Bienen?

Mama, wenn ich eine Fliege wäre – würdest du mich trotzdem klatschen?

Mama, trinken Fische eigentlich Wasser?

Witzige Kinderfragen

Sind in England alle klein? Ist ja eng.

Papa, warum hast du Armhaare? Machst du da Haargel drauf?

War die Welt früher schwarz-weiß?

War ich eigentlich SEHR klein, als ich klein war?

Warum sind Schnecken so langsam? Haben die schlechten WLAN?

Mama, der Dalmatiner hat auch Windpocken!

33 GESCHWISTERKRIEG MIT KUSCHELPAUSE

Auf Fotos sehen Geschwister immer so friedlich aus – Händchen haltend, lächelnd, wie aus der Werbung. In der Realität klingt es eher nach Mini-Weltkrieg im Wohnzimmer. *„Das ist MEINS!“*, *„Er hat mich angeguckt!“* – und irgendwo fliegt eine Barbie durch die Luft, direkt neben die Mutter, die gerade stillt.

Das ältere Kind fühlt sich plötzlich wie ein abgesetzter König. Während das Baby im Rampenlicht liegt, kämpft das Erste um Aufmerksamkeit – laut, kreativ und manchmal mit sehr besonderen Mitteln. Ein bisschen Neid, ein bisschen Liebe, alles gleichzeitig. Heute wird das Baby liebevoll geküsst, morgen bekommt es heimlich einen Schubs.

Weg, um nicht auszuticken:

So verrückt das klingt – das ist völlig normal. Eifersucht gehört dazu, sie ist kein Zeichen von böser Absicht, sondern von großer Liebe, die gerade lernen muss, sich zu teilen.

Das ältere Kind braucht in dieser Zeit keine Extra-Strenge, sondern Extra-Bedeutung. Also: Lob, kleine Aufgaben (*„Kannst du mir helfen, die Windel zu holen?“*), und ganz viel Zeit nur mit Mama oder Papa allein. Und wenn diesmal wieder mal ein Auto fliegt – tief durchatmen, nicht persönlich nehmen. Das ist kein Krieg, das ist Gefühl in Bewegung.

KAPITEL 5

CHAOS IN DER WOHNUNG

UND NIEMAND WAR'S

34 ESSEN MIT KINDERN – EIN TÄGLICHES KRÜMELKONZERT

Essen mit Kindern ist kein Mahlzeit – es ist ein Abenteuer mit Besteck. Man deckt den Tisch liebevoll, schneidet alles mundgerecht, pustet, erklärt – und nach exakt zwei Minuten liegt die Hälfte auf dem Boden, ein Viertel klebt an der Wand, und der Rest ist plötzlich *„bäh"*.

Das Baby entdeckt die Schwerkraft – und testet sie bei jedem Bissen neu. Der Löffel wird zur Schleuder, der Joghurt zum Kunstprojekt, und Brokkoli ist das ultimative Feindbild. Während man versucht, ruhig zu bleiben, hört man Sätze wie: *„Ich mag das nicht!"* – über ein Gericht, das gestern noch *„mein Lieblingsessen!"* war. Und dazwischen dieser Moment, in dem das Kind rülpst, lacht, und man selbst kurz überlegt, ob man das Wohnzimmer einfach abreißen sollte.

Weg, um nicht auszuticken:

Kinder lernen nicht essen – sie erleben es. Das heißt: matschen, riechen, drücken, werfen – bis sie irgendwann wirklich probieren. Also lieber ein Tuch unterlegen, tief atmen und sich daran erinnern: Jedes Chaos am Tisch ist ein kleiner Schritt Richtung Selbstständigkeit. Und wenn sie wieder *„Bäh!"* sagen – nicht kämpfen, nicht bestechen, nicht drohen. Ein Kind, das sich sicher fühlt, probiert von allein – manchmal erst beim 20. Mal.

MOTTO DES TAGES:
"WENN KINDER ESSEN, ISST DIE GEDULD IMMER MIT."

35 WOHNZIMMERMUSEUM DER KLEINEN KÜNSTLER

Kinder malen nicht – sie dekorieren neu. Und ihr Lieblingsort dafür ist selten das Papier, sondern alles, was frisch gestrichen, neu gekauft oder teuer war. Kaum steht ein neuer Tisch oder ein edler Stuhl im Haus, beginnt die kreative Phase: *„Mama, guck, ich hab was Schönes gemacht!“* – und der Designerstuhl wird zum Einzelstück mit Charakter.

Fingerfarben, Filzstifte, Lippenstift, Mehl – alles wird zu Kunstmaterial. Wände, Türen, Sofas, Kühlschrank – nichts ist sicher. Man wischt, man flucht, man staunt: Die Wohnung ist kein Zuhause mehr – sie ist eine Dauerausstellung in Chaosfarben.

Weg, um nicht auszuticken:

Kunst ist Ausdruck – kein Angriff. Wer dem kleinen Künstler Raum gibt, vermeidet Spuren auf unerwarteten Flächen. Also lieber alte Kartons, Tapetenreste oder eine Wand „offiziell“ freigeben. So bleibt das Sofa unbemalt – und das Kind stolz auf sein Museum.

Und wenn doch mal was daneben geht – denk daran: Was ist wichtiger? Die kleinen Finger, die voller Neugier malen, oder ein paar Flecken auf dem Teppich? Alles kann man neu kaufen – aber ein gebrochenes Kinderherz lässt sich nicht reparieren

MOTTO DES TAGES:
"MANCHE HÄUSER HABEN STIL – UNSERES HAT AUSSTELLUNGEN UND LIEBE IN JEDER FARBE."

36 DIE NIE ENDENDE UNORDNUNG – DÉJÀ-VU IN DAUERSCHLEIFE

Man putzt, kocht, räumt auf – und fünf Minuten später sieht alles aus, als hätte eine WG aus fünf Waschbären spontan Party gefeiert. Der Abwasch ist nie fertig, die Waschmaschine läuft wie ein Marathonprofi, und der Wäschekorb? Ein Portal ohne Boden. Gerade denkt man: *„Endlich sauber!“* da kommt ein Kind mit Keks in der Hand, zwei Krümeln auf der Stirn und einem Apfelsaft im Anmarsch.

Man fragt sich: *„Hab ich das nicht gestern schon gemacht?“* Antwort: Ja. Gestern, vorgestern, vorvorgestern. Haushalt mit Kindern ist wie ein Film mit Dauerschleife – nur ohne Happy End, aber mit Witz, Drama und viel Liebe.

Weg, um nicht auszuticken:

Mach die Unordnung sichtbar - aber nicht wichtig. Setz Prioritäten: Statt alles gleichzeitig zu tun, lieber täglich nur ein Gebiet retten. Ein Raum, ein Ziel, ein Erfolg. Das fühlt sich besser an als 10 halbfertige Baustellen. Lass Routinen für dich arbeiten, nicht gegen dich: Ein 10-Minuten-Aufräumritual mit Musik wirkt Wunder. Und manchmal hilft's, den Wäschekorb zu schließen und zu denken: „Wenn ich's nicht sehe, existiert es nicht. Wenn möglich: Kinder einbeziehen - spielerisch. Wer die Socken einsammelt, darf sie nach Farben sortieren. Wer Tisch deckt, darf die Servietten falten wie Origami. Haushalt wird leichter, wenn er kein Muss, sondern ein Spiel ist. Und falls gar nichts mehr hilft: Kerze an, Playlist rein, Kamera aus. Denn ein Zuhause soll nicht glänzen - sondern atmen.

STILLSOCKEN

37 ZEIT REICHT NIE – EGAL, WIE FRÜH DU ANFÄNGST

Man steht morgens motiviert auf, macht sich einen Plan: Wäsche anstellen, kurz saugen, Mittagessen vorbereiten, dann vielleicht zehn Minuten für mich. Klingt machbar. Aber das Haus hat andere Pläne.

Während du die Waschmaschine startest, kippt das Kind den Saft über den Teppich. Du willst putzen — findest plötzlich ein halb aufgeschnittenes Brötchen im Bücherregal und eine Zahnbürste in der Blumenvase. Beim Aufräumen fällt dir ein, dass du eigentlich schon längst einkaufen wolltest. Beim Einkaufen fällt dir ein, dass du eigentlich kochen wolltest. Beim Kochen fällt dir ein, dass du eigentlich nur einen warmen Kaffee wolltest.

Und genau in dem Moment, in dem du ihn dir einschenkst — brennt das Mittagessen an. Später, wenn du endlich das Haus verlassen willst, stellst du fest: Das Baby hat Durchfall. Natürlich jetzt. Und während du versuchst, ruhig zu bleiben, rennt die Zeit — lachend — davon.

Weg, um nicht auszuticken:

Multitasking ist keine Fähigkeit – es ist ein Überlebensmodus. Man kann nicht alles gleichzeitig schaffen, auch wenn man's täglich versucht. Wähle lieber, was heute wirklich zählt, und mach den Rest halb – halb ist auch ganz, solange du dabei atmest.

KAPITEL 6

ME-TIME

IST JETZT LEGENDE

38 SELBSTFÜRSORGE AUF WARTELISTE

Man sagt, Mütter sollen sich mehr mit anderen Müttern treffen – Austausch, Verbindung, Verständnis. In der Realität heißt das: Du schiebst das Treffen seit Wochen vor dir her, bis du endlich sagst: *„Na gut, kommt vorbei."* Und dann beginnt das Festival. Das fremde Kind zieht die Schuhe aus, du hilfst – und bekommst als Dank eine kleine Ohrfeige. Die Mutter lacht verlegen: *„Haha, er ist heute etwas überdreht."* Er überdreht weiter. Er bringt dein Kind zum Weinen, sie sagt: *„Deins ist halt sensibel."* Er will deine Deko vom Regal – und obwohl du sie in Sicherheit bringst, hört man schon: KLIRR. Dein Lieblingsvase, Geschichte. Das Kind leert den Lego-Schrank, fordert gezielt die Spielsachen von den obersten Regalen, und beim Abschied heißt es: *„Komm, wir müssen los, Aufräumen machen wir nächstes Mal."* Klar. Nächstes Mal... in einem Paralleluniversum vielleicht.

Weg, um nicht auszuticken:

Nicht die Mutter erziehen – das lohnt selten. Aber das Kind kann man freundlich, klar und ohne Drama einbinden: *„Komm, wir räumen das kurz gemeinsam auf, dann können wir weiterspielen."* Du darfst klare Grenzen setzen, ohne unhöflich zu sein. So bleibt dein Wohnzimmer heil, dein Nervensystem halbwegs stabil – und du lernst: Manche Treffen sind schöner im Park als im eigenen Wohnzimmer.

MOTTO DES TAGES:
„FREUNDSCHAFT IST, WENN DU DICH NACH DEM TREFFEN NICHT FRAGST, WARUM DU ÜBERHAUPT FREUNDE HAST."

39 IDENTITÄTSVERLUST – MAMA ODER EINFACH ALLES GLEICHZEITIG?

Es gibt diesen Moment, in dem man sich fragt: Wann ist aus der Frau mit Träumen, Parfüm und Lieblingskaffee die geworden, die mit Dutt und Augenringen an der Spülmaschine steht?

Früher war sie eine Frau, jetzt ist sie ein System. Ein System, das organisiert, tröstet, plant, wäscht, kocht, liebt und vergisst – sich selbst. Sie ist gleichzeitig Mutter, Ehefrau, Köchin, Therapeutin, Lehrerin, Eventmanagerin – und trotzdem hat sie ständig das Gefühl, nichts wirklich zu schaffen.

Wenn sie arbeitet, fühlt sie sich schuldig, weil sie zu wenig Zeit für die Kinder hat. Bleibt sie zuhause, fühlt sie sich schuldig, weil sie nichts „Eigenes" macht. Egal was sie tut – irgendjemand (meist sie selbst) findet, es reicht nicht.

Weg, um nicht auszuticken:

Identität ist kein fester Titel, sondern eine Sammlung von Rollen, die sich ständig verschieben – und das ist okay. Selbstfürsorge bedeutet nicht Egoismus, sondern kurz daran zu erinnern, dass auch die Mutter eine Person ist. Und ja — man darf Hilfe annehmen. Nicht weil man versagt hat, sondern weil kein Mensch allein alles tragen kann. Einmal tief atmen, einen Kaffee trinken, fünf Minuten nichts tun – das ist keine Pause vom Leben, das ist ein Teil davon.

MOTTO DES TAGES:
"SUPERHELDINNEN DÜRFEN AUCH MAL LIEGENBLEIBEN."

40 FIEBER, HUSTEN, ALLTAG – LUXUS FÜR MÜTTER

Krank sein? Wie süß. Eine romantische Vorstellung aus einem früheren Leben. Damals konntest du dich mit Tee, Decke und Netflix ins Bett legen – heute bist du froh, wenn du beim Husten nicht gleichzeitig Brotdosen schmierst.

Du hast Fieber, Schüttelfrost, aber trotzdem fragt dich jemand: *„Mama, wo sind meine Socken?"* Du antwortest heiser: *„In der Wäsche."* – und schleppst dich dann selbst dorthin, weil sonst keiner sie findet.

Du merkst, wie dein Körper aufgibt, aber dein Kopf rechnet weiter: Wer bringt die Kinder? Wer kocht? Wer räumt? Und während du auf dem Sofa halb ohnmächtig daliegst, kommt das schlechte Gewissen: *„Ich liege hier rum, statt was zu tun."* Selbst im Fiebermodus bist du in Gedanken im Familienmanagement. Krank werden steht einfach nicht im Vertrag.

Weg, um nicht auszuticken:

Lass los. Die Welt geht nicht unter, wenn du mal ausfällst – höchstens die Spülmaschine bleibt stehen. Erlaube dir, nichts zu tun. Atmen ist heute genug. Und wenn jemand fragt, was du machst, sag: *„Ich kämpfe ums Überleben. Mit Stil."*

MOTTO DES TAGES:
„MAMA IST NICHT FAUL.
MAMA IST IM ENERGIESPARMODUS –
AUF UNBESTIMMTE ZEIT."

„Und du bist dir sicher, dass es dir gut geht?"
"Ja... sehr. Top. Mir geht´s prima."

41 EIGENER KÖRPER & GEIST FÜHLEN SICH FREMD AN

Früher war dein Körper dein Zuhause. Jetzt fühlst du dich eher wie ein Gast mit befristetem Aufenthalt. Dein Gehirn macht Überstunden, dein Körper hat dagegen einen unbefristeten Streik eingelegt. Während du suchst, wo du die Wärmflasche hingelegt hast, rennt dein Geist schon in drei Richtungen gleichzeitig.

Manchmal schaust du in den Spiegel und fragst dich, ob dein Körper dich noch erkennt: kleine Linien, Streifen, Narben – Erinnerungen an die Schwangerschaft. Manche nennen sie „Dehnungsstreifen“. Du nennst sie „Beweis, dass ich überlebt habe“. Auf alten Fotos siehst du Energie. Und Wangenknochen.
Heute brauchst du zwei Tage Erholung vom Supermarkt.

Und doch – irgendwo zwischen der zerzausten Dutt-Version von dir und der, die sich heimlich noch attraktiv fühlen will – bist du immer noch du. Nur mit neuen Gebrauchsspuren, mehr Lebenserfahrung und einem leichten Knacken in der Hüfte.

Weg, um nicht auszuticken:

Mach Frieden mit der Baustelle, die du bist. Dein Körper schuldet dir keine Perfektion, er schuldet dir nur Ehrlichkeit. Und ehrlich gesagt – er macht jeden Tag verdammt viel für dich. Er hat Kinder getragen, Nächte überstanden und dich durch jede Phase geschleppt, in der du dachtest, du schaffst es nicht. Er ist nicht dein Feind, er ist dein Tagebuch – mit ein paar Knicken, ein paar Einträgen in Fettschrift und jeder Menge Liebe zwischen den Zeilen.

42 FREUNDSCHAFT IM MAMA-MODUS

Erinnerst du dich noch, als du spontan warst? Damals konntest du einfach sagen: *„Klar, ich komm vorbei!“* Heute sagst du: *„Ich meld mich...“* – und meldest dich nie. Nicht, weil du nicht willst, sondern weil du irgendwo zwischen Therapie, Kinderarzt und Wocheneinkauf dein altes Ich verloren hast.

Deine Hobbys? Liegen in einem Ordner mit der Aufschrift *„Wenn wieder Kapazität frei ist“.* Deine Freunde? In einem Chatverlauf, der mit *„Wie geht's dir wirklich?“* anfing und dann von 27 Sprachnachrichten unbeantwortet blieb – von beiden Seiten.

Früher habt ihr über Filme, Träume und Reisen geredet. Heute plant ihr Wochen im Voraus, um vielleicht gemeinsam einen Kaffee zu schaffen, den ihr dann kalt trinken werdet. Und wenn du dann mal Zeit hast, willst du nicht reden – du willst einfach still sein, warm essen und dich kurz nicht kümmern.

Weg, um nicht auszuticken:

Freundschaften brauchen keine ständige Pflege, nur ehrliche Momente. Manchmal reicht eine Sprachnachricht: *„Ich bin erschöpft, aber du fehlst mir.“* Das ist echte Nähe – ohne Kalender. Freundschaft bedeutet nicht Perfektion, sondern Echtheit. Lade jemanden auch dann ein, wenn das Wohnzimmer aussieht, als hätte ein Sturm namens „Familienalltag“ dort gewütet. Eine echte Freundin achtet nicht auf Krümel – sie bringt Kuchen mit. Und wenn jemand deine Unordnung bewertet, dann war's kein Besuch, sondern ein Test – und du hast bestanden.

43 KAFFEEKLATSCH IM MUTTER-KIND-CAFÉ

Früher waren Treffen mit Freundinnen kleine Auszeiten. Heute sind sie eher ein logistisches Großprojekt mit Snackpause. Uhrzeiten müssen abgestimmt, Schlafzeiten beachtet und Nervenzusammenbrüche vorsorglich einkalkuliert werden.

Du triffst dich mit anderen Müttern, aber eigentlich trefft ihr euch mit euren Kindern – und redet in Halbsätzen, unterbrochen von *„Nicht klettern!"*, *„Spuck das aus!"* und *„Finger weg vom Keks der anderen!"*. Das Mutter-Kind-Café ist kein Ort der Entspannung. Es ist ein Überlebenscamp mit Latte Macchiato, wo jeder versucht, gleichzeitig zu trösten, zu wischen und zu lächeln. Du versuchst, mit deiner Freundin ein ernstes Gespräch zu führen, während dein Kind die Servietten auf dem Tisch verteilt und jemand anderes gerade unter dem Stuhl verschwindet.

Weg, um nicht auszuticken:

Du merkst: Ihr trefft euch gar nicht miteinander – ihr trefft euch parallel, jede in ihrer eigenen Mini-Krise. Aber trotzdem tut's gut. Weil wenigstens jemand da ist, der versteht, warum du schon um elf Uhr vormittags erschöpft bist.

Erwarte keine perfekten Gespräche – nur ehrliche Blicke, die sagen: *„Ich bin auch fertig."* Das ist keine Pause, das ist gegenseitiges Überlebenstraining. Und das reicht. Denn manchmal tut Gemeinschaft nicht gut, weil sie laut ist – sondern weil sie ehrlich ist.

44 RACHEZEIT STATT SCHLAF

Alle schlafen. Die Kinder, der Partner, sogar der Hund. Nur du sitzt da – mit Augenringen, und scrollst durchs Internet, als würdest du nach Sinn suchen. Du weißt, du bist müde. Du weißt, du wirst es morgen bereuen. Aber irgendwas in dir flüstert: *„Endlich Ruhe. Endlich ich."*

Diese späte Stunde ist wie verbotene Schokolade: Du weißt, sie tut dir nicht gut – aber sie schmeckt nach Freiheit. Du liest, du guckst, du planst, du tust... eigentlich nichts. Aber genau dieses Nichts fühlt sich an wie Selbstbestimmung. Psychologen nennen das *„Revenge Bedtime Procrastination"*. Klingt kompliziert, heißt aber nur: Du schläfst nicht, weil du dir endlich Zeit „zurückholst", die dir tagsüber keiner lässt. Kleine, rebellische Freiheit – bezahlt mit Schlafdefizit. Diese späte Stunde ist dein geheimer Protest: Gegen Dauerfunktionieren und die Erwartung, immer verfügbar zu sein.

Weg, um nicht auszuticken:

Mach Frieden mit deiner nächtlichen Rebellion. Sie ist kein Fehler – sie ist ein SOS-Signal deines Körpers, der tagsüber nie gefragt wird, was er eigentlich will. Wenn du nachts wach bleibst, dann bewusst: Kerze an, Handy weg, leise Musik, ein paar Seiten in einem Buch – mach daraus ein Mini-Ritual statt ein Endlos-Scroll. Und wenn du dich danach hinlegst, schläfst du nicht weniger – du schläfst friedlicher.

45 GUTEN MORGEN, MAMA – DU SIEHST AUS WIE GESTERN

Es gibt Momente, da denkst du: Jetzt. Jetzt ist es ruhig. Du atmest auf, lehnst dich zurück, summst ein Lied beim Kochen – und genau in diesem Moment erklären die Kinder den Dritten Weltkrieg. Sie streiten nicht einfach, sie timing'en. Ihr Lieblingsmoment? Wenn du glücklich bist. Wenn du kurz vergessen hast, dass du seit Tagen funktionierst. Dann kracht's im Kinderzimmer – als hätte jemand Alarm gedrückt: *„Achtung, Mama entspannt sich! Sofort Gegenmaßnahmen einleiten!“*

Manchmal fragst du dich, ob sie's spüren – diese Millisekunde, in der du ruhig wirst. Und gleichzeitig hörst du aus dem Nebenzimmer eine Stimme: *„Du hast's ja gut – du bist ja den ganzen Tag zu Hause.“* Oder: *„Wir arbeiten doch beide, aber du hast halt die Kinder.“* Und du denkst: Ach so. Nur Kinder. Nur Haushalt. Nur 24/7 Bereitschaftsdienst. Klar, nichts Großes. Nur das kleine Projekt *„Menschliche Existenz am Laufen halten“*. Aber du sagst nichts. Du rührst weiter im Topf, während sich im Wohnzimmer ein Mini-Tornado abspielt.

Weg, um nicht auszuticken:

Erwarte kein Verständnis von denen, die nie mitten im Satz *„Mamaaa!“* hören. Du leistest mehr, als viele sehen können – emotional, körperlich, mental. Kinder spüren alles, aber manchmal sollten Männer auch mal was spüren. Wenn du kurz singst, tanzt oder einfach atmest, mach's laut, mach's sichtbar. Das ist kein Luxus, das ist Selbstschutz.

KAPITEL 7

BEZIEHUNG

IM ÜBERLEBENSSTIL

46 PARTNER VERSTEHT MENTALE LAST NICHT

Besuch steht an. Du bist in vollem Einsatzmodus – Staubwedel in der Hand, Wäsche im Kopf, und der Puls schon auf 180. Während du versuchst, drei Räume gleichzeitig sauber zu denken, hörst du vom Sofa: *„Schatz, bringst du mir kurz ein Glas Wasser?“* Klar. Warum auch nicht. Man gönnt sich ja sonst nichts – vor allem keine Pause. Aber er meint's ja gut. Er fügt nämlich direkt hinzu: *„Wenn du was brauchst, sag Bescheid.“* Aha. Danke für das Angebot aus der Horizontalen. Und während du denkst, wo du anfangen sollst – Küche oder Badezimmer, träumst du kurz davon, deine Küche mit fünf verschiedenen Reinigern zu bearbeiten: Fettlöser, Kalkentferner, Glasreiniger, Allzweck und Duftspray – wie eine Putzorchester-Dirigentin.

Er steht irgendwann tatsächlich auf. Weil er ja „mithilft“. Mit einem Feuchttuch. Eins. Für alles. Er wischt einmal über die Arbeitsplatte, zieht schwungvoll weiter zum Esstisch, macht kurz Halt am Waschbecken, und weil noch ein trockener Zipfel vom Tuch übrig ist, geht er über in die Königsdisziplin: ein kleiner Wisch über die Schuhspitze. Glanzleistung. Im wahrsten Sinne.

Weg, um nicht auszuticken:

Hör auf, mentale Last zu verstecken. Sprich's aus – nicht vorwurfsvoll, sondern ehrlich: *„Ich will keine Hilfe, ich will, dass du mitdenkst.“* Teilt euch nicht nur Aufgaben, teilt euch Verantwortung. Denn Gleichgewicht entsteht nicht durch *„Ich helf dir“*, sondern durch *„Wir tragen das zusammen.“*

47 KOMMUNIKATION AUF EIGENER FREQUENZ

Du redest nicht, weil du nichts Besseres zu tun hast. Du redest, weil du sonst platzen würdest. Weil in dir tausend Gedanken kreisen, die irgendwo hinmüssen – am besten zu jemandem, der zuhört. Aber wenn er heute nicht zuhört, dann staut sich das. Und morgen kommt's doppelt zurück – mit Emotionen, Tränen und Bonuslautstärke.

Das Problem ist: Du redest in Emotionen, er hört in Stichpunkten. Du sagst *„Ich bin müde"* – er versteht *„Sie braucht ein Nickerchen."* Du sagst *„Ich fühl mich allein"* – er versteht *„Sie will, dass ich mehr im Haushalt helfe."* Und während du versuchst, dein Inneres zu erklären, öffnet er innerlich Excel, ordnet Gefühle nach Priorität und sucht den Punkt *„lösbar in unter zehn Minuten"*.

Du willst keine Ratschläge. Du willst Resonanz. Nicht, dass er alles versteht, sondern dass er fühlt, was du meinst. Einfach mal kurz anlehnen, ohne gleich analysiert zu werden. Und manchmal reicht dazu ein Tee, der plötzlich auf dem Tisch steht, ein ehrlicher Blick, oder ein kleiner Zettel mit *„Ich hab an dich gedacht"*. Kein Drama, kein Diamant – nur echtes Interesse.

Weg, um nicht auszuticken:

Wenn er nicht zuhört – wechsel die Strategie, nicht das Thema. Sag's kürzer, direkter, im richtigen Moment. Und wenn er trotzdem abschaltet: Dann rede mit jemandem, der dich wirklich hört. Mach dich nicht kleiner, nur weil sein Ohr gerade zu ist. Manchmal hilft Stille, damit er endlich merkt, was fehlt.

48 GUTER COP, BÖSER COP

Papa ist der Held. Du bist der Dienstleisterin. Wenn du „Nein“ sagst, bist du streng. Wenn er „Nein“ sagt, ist er konsequent. Und wenn er das „Nein“ zwei Stunden später in ein „Na gut, aber nur kurz“ verwandelt, bist du wieder die Spaßbremse. Er sagt: „Das darfst du nicht.“ Zwei Stunden später spielt er's mit dem Kind lachend nach. Und du stehst daneben und fragst dich, warum deine Autorität irgendwo zwischen Brotdose und Bettgehzeit verdunstet ist.

Wenn er auf Geschäftsreise ist, wirst du zur All-Inclusive-Mutter – 24 Stunden geöffnet, keine Pausen, kein Dank. Und wenn er zurückkommt, fliegen Herzen. Die Kinder jubeln, du wirst ignoriert – und fragst dich, ob du unsichtbar bist. Er wird vermisst, du wirst gebraucht. Klingt ähnlich, fühlt sich aber völlig anders an. Und trotzdem liebst du sie alle. Du hältst durch, erklärst, tröstest, erziehst, organisierst – der unsichtbare Klebstoff, der alles zusammenhält.

Weg, um nicht auszuticken:

Wenn er wieder der Held ist und du die Strenge, setz dich dazu, wenn die Kinder ihm ein Bild malen – nicht als Kontrolle, sondern als Teil des Teams. So sehen sie euch als Einheit, nicht als Gegner. Und vergiss nie: Wenn sie „Mama!“ rufen, suchen sie Frieden, nicht nur Hilfe. Papa hat seinen Platz, du hast deinen – beide sind wichtig. Echte Konsequenz heißt nicht Strenge, sondern Verlässlichkeit. Also: Wenn ihr „kein Handy“ sagt, dann bitte auch keine gemeinsamen Reels. Kinder lernen nicht durch Worte, sondern durch das, was sie euch tun sehen.

49 VATER UND KIND ALLEIN – WAS SOLL SCHON PASSIEREN?

Du jonglierst mit Haushalt, Terminen und Kinderchaos, und wenn du denkst: Vielleicht hab ich heute mal kurz Luft, hörst du von der Couch: *„Ich geh mit den Jungs zum Spiel, okay?“* Klar, geh. Wär ja schade, wenn jemand seine Freizeit verliert. Du dagegen planst seit Wochen ein Treffen mit einer Freundin. Drei Absagen. Doch später schaffst du's endlich raus. Nichts Wildes – einfach nur ein Kaffee mit einer Freundin.

Zu Hause hinterlässt du eine Schritt-für-Schritt-Anleitung: Wann das Kind essen soll, wo der Schlafanzug liegt, welche Serie nicht geguckt werden darf. Er nickt. *„Alles easy, Schatz. Genieß es.“* Du gehst. Später vibriert dein Handy. *„Wo sind die Windeln?“ „Wie warm ist 180 Grad?“ „Er will nicht schlafen.“* Und du sitzt da im Café, hörst deiner Freundin zu, nickst, lächelst, und schreibst nebenbei Krisenmanagement per WhatsApp. Zwei Stunden später kommst du nach Hause. Und findest ein Überlebensszenario. Auf dem Boden: Nudeln. Auf dem Sofa: Saft. Auf dem Kind: Filzstift. Und irgendwo zwischen allem – dein Partner, zufrieden, stolz, leicht verschwitzt: *„Na? Ging doch gut, oder?“*

Weg, um nicht auszuticken:

Mach klar, dass Freizeit kein Geschlecht hat. Er hat Freunde, du hast auch welche. Und wenn du das nächste Mal das Haus verlässt, lass die Schuldgefühle daheim – sie können ja auch aufräumen. Und falls du zurückkommst und das Wohnzimmer aussieht, als wäre ein Indoor-Festival gewesen: Lächle. Mach ein Foto. Und sag: *„Na, willkommen in meinem Alltag.“*

50 DATE NIGHT MIT MAMA-GEFÜHL

Er schaut dich an und sagt: *„Lass uns mal wieder was zu zweit machen."* Klingt schön, fast wie früher – nur dass „früher" gefühlt drei Leben her ist. Du nickst, lächelst, aber in deinem Kopf läuft sofort ein Horrorfilm: Wer passt auf die Kinder auf? Was, wenn jemand Fieber bekommt? Und was, wenn sie mich vermissen?!

Er will einfach einen Abend, du willst gleichzeitig alles: Nähe, Ruhe, Kontrolle, Sicherheit, und dass keiner weint, während du romantisch essen versuchst. Du bist müde, aber die Idee, ohne Kinder auszugehen, fühlt sich plötzlich an wie ein riskanter Ausflug in die Freiheit. *„Nur wir zwei"* klingt nach Liebe – und gleichzeitig nach schlechtem Gewissen. Weil dein Herz sofort flüstert: Ich kann ohne sie nicht. Ich will sie nicht allein lassen. Und doch, ganz tief in dir, sehnt sich etwas genau danach – nach Zweisamkeit, nach dir selbst, nach einem Moment ohne *„Mamaaa!"*. Romantik nach Kindern ist wie ein seltener Vogel – manchmal siehst du ihn, manchmal musst du einfach still genug sein, damit er sich wieder zeigt.

Weg, um nicht auszuticken:

Liebe die Kinder, aber vergiss den Menschen, der dich liebt, nicht. Lass sie beim Babysitter, bei Oma, beim Leben. Zweisamkeit ist kein Verrat – sie ist Pflege für das Wir. Und vielleicht denkst du mitten im Date kurz an sie – aber diesmal mit einem ruhigen Herz und einem Lächeln.

51 FÜR IHN FEIERABEND, FÜR SIE NACHTSCHICHT

Er legt sich hin, dreht sich auf die Seite – Feierabend. Du legst dich auch hin, denkst: Jetzt Ruhe. Aber dein Kopf hat noch Dienst. Hat das Kind zugedeckt? Steht die Milch im Kühlschrank? Also stehst du nochmal auf. Nur kurz.

Du räumst das Geschirr vom Tisch, trägst den halb vollen Kaffeebecher in die Küche, machst die Waschmaschine an, räumst das Abendessen in den Kühlschrank, ziehst die Vorhänge zu, deckst die Kinder zu, schließt die Tür ab – doppelt, sicher ist sicher. Und während er längst träumt, beginnt dein zweiter Arbeitstag. Du bist müde, aber dein inneres System meldet weiter: Nur noch das Licht im Flur, dann geh ich wirklich ins Bett. Aber du gehst nicht – du kontrollierst, sortierst, sorgst, bis selbst die Sorgen müde werden. Es ist kein Zwang, es ist Liebe in Arbeitskleidung.

Weg, um nicht auszuticken:

Mach aus deiner Nachtschicht einen Schlussstrich. Nicht alles muss heute fertig sein. Die Welt bleibt stehen, auch wenn die Spülmaschine bis morgen wartet. Vertrau darauf, dass Frieden manchmal wichtiger ist als Ordnung. Und falls du's vergessen hast: Auch Engel dürfen müde sein.

MOTTO DES TAGES:
„ER SCHLÄFT MIT OFFENEM MUND – SIE MIT OFFENEN AUGEN."

52 LIBIDO TIEFKÜHLTRUHE

Früher war da Feuer. Jetzt ist da... ein Wäschestapel. Und Müdigkeit. Du liegst im Bett, dein Partner sagt: *„Na, Lust?“* Und du denkst: *„Ja. Auf Schlaf.“* Nicht, dass du ihn nicht liebst. Aber dein Körper verwechselt Nähe mittlerweile mit *„endlich niemand will was von mir“*.

Romantik? Schön wär's. Im Moment wärst du schon dankbar, wenn dich einfach mal jemand nicht anfasst – weil dich alle anderen ständig brauchen. Er versteht's nicht. Er sagt: *„Früher warst du anders.“* Ja – früher hattest du acht Stunden Schlaf, weniger Verantwortung und niemand, der nachts *„Mamaaa!“* rief, während du grad kuscheln wolltest. Du willst Nähe, aber keine weitere Verpflichtung. Du willst Zärtlichkeit, aber bitte leise, sanft, ohne Ergebnisdruck. Denn manchmal ist Liebe gerade das: zusammen liegen, schweigen – und nicht noch müssen.

Weg, um nicht auszuticken:

Sprich drüber, bevor ihr euch verliert. Nicht in Vorwürfen, sondern in Ehrlichkeit. Sag, dass Müdigkeit kein Desinteresse ist, sondern Erschöpfung von zu viel Geben. Lade ihn ein, wieder mit dir Nähe zu finden – nicht nur an dir. Ein Blick, ein Gespräch, ein gemeinsames Lachen – manchmal taut die Tiefkühltruhe schon davon auf.

MOTTO DES TAGES:
„LIEBE BRAUCHT KEIN FEUERWERK – MANCHMAL REICHT KÖRPERWÄRME AUF AUFTAU-MODUS.“

KAPITEL 8

ERZIEHUNGSRICHTER

MAMA UNTER BEOBACHTUNG

53 VERGLEICHSKULTUR UNTER MÜTTERN

Es fängt harmlos an. *„Schläft deiner schon durch?"* – eine einfache Frage, die klingt wie Smalltalk, aber sich anfühlt wie ein Wettbewerb. Plötzlich geht's nicht mehr um Babys, sondern um Bilanzen. Wessen Kind spricht früher, läuft schneller, isst besser? Wessen Küche glänzt und wessen Nerven nicht? Du nickst, lächelst, sagst *„Ach, jedes Kind ist anders"*, während du innerlich kurz rechnest, ob deins wohl noch im Durchschnitt liegt. Und spätestens, wenn du hörst: *„Also meiner zählt schon bis 20!"*, denkst du: Meiner zählt wenigstens auf mich.

Dann geht's weiter: *„Kann dein Kind schon ein paar Buchstaben schreiben?"* – Klar, mit Ketchup an die Wand. *„Ist er schon trocken?"* – Naja, im Moment der Boden schon. *„Räumt er sein Zimmer auf?"* – Natürlich! Ich hinter ihm her. *„Schläft er schon durch?"* – Ja, aber leider nicht nachts. *„Spielt er schon allein?"* – Ja, mit meinem Geduldsfaden.

Diese Vergleichskultur ist wie ein Marathon ohne Ziel – niemand gewinnt, alle sind erschöpft. Und trotzdem machen wir mit, weil wir dazugehören wollen. Aber weißt du was? Hinter jeder Mama steckt ein anderes Tempo, ein anderer Kampf, ein anderes Herz.

Weg, um nicht auszuticken:

Schau weniger nach rechts und links – und mehr in die Augen deines Kindes. Da findest du den einzigen Vergleich, der zählt: Gestern warst du müde, heute bist du trotzdem da. Und das ist Wachstum genug.

54 WENN PÄDAGOGIK ZUR EGO-SHOW WIRD

Kindergeburtstag. Alle lachen, tanzen, kleben halb am Muffin, halb aneinander – kurz: pures Glück. Und dann kommt der Moment der Wahrheit: Die kleinen Goodie-Bags werden verteilt. Mini-Schokoriegel, Gummibärchen, ein bisschen Zuckerglück. Die Kinder strahlen, bis auf eines. Seine Mutter lehnt sich zurück, nippt an ihrem Kaffee und sagt stolz: *„Wir essen so was ja nicht, oder, mein Schatz?“* Der Zweijährige hält die Tüte in der Hand, schaut auf die anderen, die gerade mit Schokolade im Mundwinkel kichern – und nickt tapfer. In seinen Augen blitzt ein kurzer Funken Enttäuschung, bevor er brav die Tüte abgibt. Und sie? Sie lächelt zufrieden, als hätte sie gerade einen TED-Talk über gesunde Ernährung gehalten.

Klar, gute Ernährung ist wichtig. Aber manchmal ist ein kleines Stück Schokolade kein Fehler – sondern ein Stück Kindheit. Kinder lernen nicht durch Scham, sondern durch Freude. Und vielleicht ist die größere Lektion hier nicht, was im Bauch landet, sondern was im Herzen bleibt.

Weg, um nicht auszuticken:

Gesund leben ist super – aber gesund lieben ist besser. Ein bisschen Zucker macht kein Kind kaputt, aber ein gebrochenes Leuchten in den Augen tut’s vielleicht. Erzieh mit Herz, nicht mit Bühnenlicht.

55 HELIKOPTER-ELTERN

Du erzählst gerade etwas völlig Normales. Vielleicht, dass dein Kaffee kalt ist, dein Rücken weh tut oder dass du endlich mal wieder schlafen willst. Und dann passiert's. Ihr Kind murmelt irgendwas – kaum verständlich, irgendwo zwischen *„Mama"* und einem Dinosauriergeräusch – und die Welt steht still. Die Mutter reißt die Augen auf, hebt die Hand wie ein Verkehrspolizist: *„Moment, er spricht gerade..."*

Alle Gespräche stoppen. Der Raum friert ein. Du sitzt da, halb im Satz, halb im Schock. Alle beugen sich nach vorne, als hätte das Kind gerade die Relativitätstheorie erklärt. *„Sag's nochmal, Schatz! Was wolltest du sagen?" „Auto."* Und die Mutter? Strahlt, als hätte ihr Kind gerade die UN gerettet. Manchmal denkst du, Helikopter-Eltern hätten einen eingebauten Bewegungsmelder – jede Silbe, jeder Atemzug wird kommentiert, gefeiert, archiviert. Und du fragst dich leise: Reden dürfen hier eigentlich nur Kinder oder auch Erwachsene mit Kaffee in der Hand?

Weg, um nicht auszuticken:

Atme durch. Es ist ihr Stolz, nicht dein Schweigen. Lass sie ihre Momente haben – du weißt, wie kurz diese Phase dauert. Und während sie jedes „Auto" feiert, feier du dein „Ich bleib ruhig".

56 STOPP! BITTE NICHT STÖREN.

Du bist mit einer Freundin im Park, die Sonne scheint, ihr unterhaltet euch amüsant – bis plötzlich ihr kleiner Sohn weinend zu euch gelaufen kommt. Irgendetwas ist passiert, vielleicht ein Streit um die Schaufel, vielleicht einfach ein bisschen Kinderchaos. Du willst dich schon runterbeugen, ihn trösten, einfach sagen: *„Oh nein, komm her, alles gut."*

Doch bevor du etwas sagen kannst, kommt die Mutter – mit ausgestreckter Hand, ernstem Blick und der Autorität einer ausgebildeten Kinderflüsterin. *„STOPP! Bitte nicht eingreifen. Ich führe gerade ein Gespräch mit ihm."* Dann hockt sie sich hin, nimmt eine Coaching-Haltung ein und beginnt: *„Ich sehe, du bist traurig, weil dich jemand geärgert hat. Du bist wütend, weil das unfair war. Was brauchst du jetzt von mir?"*

Das Kind steht da, mit Rotz, Tränen und Sand in den Haaren, und sieht aus, als wollte es einfach nur eine Umarmung. Du stehst daneben, zwischen Mitgefühl und Fassungslosigkeit – und fragst dich still, ob spontane Menschlichkeit heutzutage schon gegen pädagogische Richtlinien verstößt.

Weg, um nicht auszuticken:

Nicht jedes Kind braucht deine Hilfe – aber manche Mütter brauchen ihre Bühne. Wenn jemand alles kontrollieren will, lass sie. Du musst das Spiel nicht mitspielen. Ein Lächeln, ein Schritt zurück – das ist dein stiller Sieg. Denn Gelassenheit ist der bessere Erziehungsstil – auch für Erwachsene.

57 NICHT DAS KIND SOLL LERNEN, SONDERN DIE WELT SOLL STAUNEN

Früher war Erziehung einfach: Man liebte, man erklärte, man verzweifelte – manchmal alles gleichzeitig. Heute klingt Kindererziehung wie ein Universitätskurs. Niemand sagt mehr: *„Er hat heute wieder geweint."* Jetzt heißt es: *„Wir arbeiten gerade an seiner Emotionsregulation."* Das Kind liegt im Supermarkt schreiend auf dem Boden – früher hieß das *„Trotzphase"*. Heute: *„Er durchläuft gerade einen intensiven Selbstwirksamkeitsprozess."* Früher sagte man: *„Er will einfach seinen Willen."* Heute: *„Er darf seine Grenzen testen, um sich selbst zu erfahren."* Früher: *„Er hat keine Lust auf Gemüse."* Heute: *„Ich respektiere seine individuellen Ernährungsbedürfnisse."*

Manche Eltern reden, als hätten sie ein Erziehungszertifikat von Social Media. Sogar ein Wutanfall wird zum Live-Seminar: *„Ich begleite ihn in seiner Frustration."* Ruft das Kind *„NEIN!"*, heißt es stolz: „Er lebt seine Autonomiephase!" Das Problem ist nicht die Pädagogik – sondern der Applaus, den manche dafür erwarten. Es geht plötzlich nicht mehr darum, dass das Kind lernt, sondern dass die Welt sieht, wie bewusst die Eltern sind. Dabei vergessen viele: Kinder brauchen keine Zuschauer, keine Analysen über Gefühle – sie brauchen Nähe.

Weg, um nicht auszuticken:

Lass dich nicht einschüchtern von Fremdwörtern und Fachjargon. Du musst kein pädagogisches Konzept leben, du darfst einfach lieben. Das ist keine Schwäche, das ist Basiswissen.

58 WENN FREMDE KINDER GRENZEN TESTEN

Der Junge vom Nachbar ist bei dir zu Besuch, drei Jahre alt, eigentlich ganz süß – denkst du. Du willst ihm nur beim Ausziehen der Schuhe helfen, da zack – eine kleine Hand, ein lauter Klatsch, direkt in dein Gesicht. Du stehst da, eingefroren zwischen Schock und höflichem Lächeln. Seine Mutter lacht verlegen: *„Ehehe... er ist halt ein bisschen schüchtern mit Fremden."* Schüchtern? Der Schlag sitzt wie von einem Mini-Boxchampion. Sie beugt sich runter, flüstert halbherzig: *„Tja, so ist er eben... nicht wahr, mein Schatz?"* und fügt ein kaum hörbares *„Das macht man aber nicht, oder?"* hinzu.

Du denkst: Super. Ich bin also das pädagogische Versuchskaninchen. Klar, Kinder testen Grenzen – das ist normal. Aber wenn Eltern keine setzen, lernt das Kind, dass die Welt ein Spielplatz ohne Regeln ist. Und du darfst dann zusehen, wie Empathie zur Nebensache wird.

Weg, um nicht auszuticken:

Du musst nicht jedes Kind erziehen – und nicht jede Mutter aufwecken. Aber du darfst für dich selbst einstehen. Ein ruhiges „Aua, das tut weh – so machen wir das hier nicht" zeigt mehr Haltung als jeder Vortrag. Grenzen dürfen freundlich sein, aber bitte spürbar.

MOTTO DES TAGES:
„ICH BIN NETT, ABER MEINE WANGE IST KEIN TRAININGSFELD FÜR SELBSTBEHAUPTUNG."

59 BESUCH MIT KIND – DER STILLE HORROR IM WOHNZIMMER

Man sagt, Mütter sollen sich mehr mit anderen Müttern treffen – Austausch, Verbindung, Verständnis. In der Realität heißt das: Du schiebst das Treffen seit Wochen vor dir her, bis du endlich sagst: *„Na gut, kommt vorbei."* Und dann beginnt das Festival. Das fremde Kind zieht die Schuhe aus, du hilfst – und bekommst als Dank eine kleine Ohrfeige. Die Mutter lacht verlegen: *„Haha, er ist heute etwas überdreht."* Er überdreht weiter. Er bringt dein Kind zum Weinen, sie sagt: *„Deins ist halt sensibel."* Er will deine Deko vom Regal – und obwohl du sie in Sicherheit bringst, hört man schon: KLIRR. Dein Lieblingsvase, Geschichte. Das Kind leert den Lego-Schrank, fordert gezielt die Spielsachen von den obersten Regalen, und beim Abschied heißt es: *„Komm, wir müssen los, Aufräumen machen wir nächstes Mal."* Klar. Nächstes Mal... in einem Paralleluniversum vielleicht.

Weg, um nicht auszuticken:

Nicht die Mutter erziehen – das lohnt selten. Aber das Kind kann man freundlich, klar und ohne Drama einbinden: *„Komm, wir räumen das kurz gemeinsam auf, dann können wir weiter-spielen."* Du darfst klare Grenzen setzen, ohne unhöflich zu sein. So bleibt dein Wohnzimmer heil, dein Nervensystem halbwegs stabil – und du lernst: Manche Treffen sind schöner im Park als im eigenen Wohnzimmer.

MOTTO DES TAGES:
„FREUNDSCHAFT IST, WENN DU DICH NACH DEM TREFFEN NICHT FRAGST, WARUM DU ÜBERHAUPT FREUNDE HAST."

60 DEMO-PROJEKT FÜR FREMDERZIEHUNG

Ihr seid irgendwo, wo sich alle zwanglos fühlen – alle, außer dir. Dein Kind isst gerade halb stehend, halb tanzend seinen Keks, glücklich, laut und voller Leben. Doch dann kommt sie – die selbsternannte Pädagogikaufsicht des Tages. Nicht Gastgeberin, nicht Verwandte – einfach eine Mutter mit Mission. Sie beobachtet euch mit kritischem Blick und sagt, halb freundlich, halb belehrend: *„Also... beim Essen sollte man doch sitzen, oder?“* Du lächelst unsicher, willst die Stimmung nicht kippen. Dann legt sie nach: *„Sag ihm ruhig, er soll sich hinsetzen. Zieh das jetzt durch.“*

Und da stehst du, zwischen fremden Menschen und erzieherischem Erwartungsdruck. Dein Kind hat keine Ahnung, dass gerade dein Ruf als Mutter auf dem Spiel steht. Du sagst: *„Schatz, bitte setz dich hin.“* Er ignoriert dich. Sie nickt wissend: *„Konsequenz ist wichtig.“* Und du denkst nur: *Konsequenz? Ich will einfach nur diesen Snack überleben.* Am Ende sitzt keiner mehr. Du nicht, dein Kind nicht – nur sie, mit einem Lächeln, das nach *„Ich hab’s dir ja gesagt“* aussieht.

Weg, um nicht auszuticken:

Du bist keine Teilnehmerin im Erziehungscamp. Klar willst du deinem Kind vieles beibringen – aber alles hat seine Zeit. Jedes Alter hat sein eigenes Tempo, seine eigene Kapazität. Nichts muss jetzt sofort klappen. Erziehung ist kein Sprint, sondern ein Prozess – euer Prozess. Trotz mit Trotz zu begegnen bringt niemanden weiter. Sag’s ruhig, erkläre es liebevoll – und der Rest wächst mit der Zeit. Schritt für Schritt. Du und dein Kind.

61 KRABBELGRUPPE: WO GEFÜHLE LAUFEN LERNEN

In der Krabbelgruppe lernt dein Kind zum ersten Mal eine völlig neue Welt kennen. Du siehst, wie es alles studiert: die Kinder, die schon seit Monaten dabei sind und selbstbewusst mit Rasseln, Trommeln und Holzlöffeln experimentieren. Dein Kind dagegen beobachtet. Jedes Lachen, jedes Stampfen, jeden Wutschrei speichert es ab.

Und dann kommt die erste Prüfung: der Teddy. Dein Kind hält ihn fest, liebt ihn schon, bevor es richtig greifen kann – und zack, ein anderes Kind reißt ihn weg. Dein Kind schaut zu dir, beleidigt, enttäuscht, kurz vor Opern-Reife-Tränen. Aber gut, vielleicht war's Zufall. Also nimmt es einen Legostein. Und zack, zweiter Raubüberfall. Du spürst, wie in dir einmal alles kurz zusammenzuckt. Du schaust zur Betreuerin – keine Reaktion. Du schaust zur anderen Mutter – sie lächelt stolz, als würde ihr Kind gerade ein wichtiges Entwicklungsprojekt durchführen: *„Aus-der-Hand-nehmen-fördert-das-Selbstbewusstsein“*. Und du stehst da, während dein Kind die Oberlippe zusammenpresst, um im fremden Raum nicht zu weinen, und du fragst dich: *Bin ich jetzt zu sensibel? Übertreibe ich? Oder soll ich einfach hingehen und sagen: „Sorry, aber der Teddy war emotional schon vergeben“?*

Weg, um nicht auszuticken:

Bleib bei deinem Kind. Ein kurzer Blick, ein leises *„Ich bin da“* – oft reicht das schon. Greif dann ein, wenn dein Bauch es sagt, nicht wenn andere schauen. Und denk dran: Wegnehmen, Schubser, Frust – das ist alles Minisozialtraining. Dein Job ist nicht jedes Drama zu stoppen, sondern Sicherheit zu geben.

KAPITEL 9

KITA

DAS STILLE CASTING FÜR „GUTE MÜTTER“

62 KINDERGARTEN-EINGEWÖHNUNG

Es ist der erste Tag. Dein Kind wird offiziell *„Kindergartenkind“*. Alle sagen: *„Wie schön, endlich ein neuer Abschnitt!“* Und du lächelst tapfer – während dein Herz ruft: *Ich bin noch nicht so weit!* Gestern wolltest du es kaum Oma anvertrauen, und heute sollst du einfach gehen? Du sitzt auf dem winzigen Stuhl, zwischen Bausteinen und Bastelpapier, und beobachtest, wie dein Kind spielt – mit einem Kloß im Hals und einem Dauerlächeln, das kurz vor Zittern steht. Du denkst: *Wie soll ich ihn loslassen, wenn ich ihn nicht mal kurz aus den Augen lassen kann?*

Dann kommt der Moment: Du sollst gehen. Du bereitest dich innerlich auf Tränen, Drama und ein herzzerreißendes *„Mamaaa, bleib!“* vor. Aber stattdessen dreht sich dein Kind um, winkt fröhlich und sagt: *„Tschüss, Mama!“* Ein Stich. Ein süß-saurer Moment. Du nickst, lächelst, drehst dich um – und dein Herz fragt leise: *Wie kann jemand, der gestern noch an mir festgeklebt hat, heute einfach loslassen?* Du bist stolz. Dennoch fühlt sich jeder Schritt zur Tür an, als würdest du gegen deinen eigenen Instinkt laufen. Man schafft es. Aber in Wahrheit tut’s kurz weh, wenn Liebe plötzlich Flügel bekommt.

Weg, um nicht auszuticken:

Du musst nicht sofort loslassen können. Mach’s Schritt für Schritt – so wie dein Kind auch. Wenn ihr beide noch Zeit braucht, sag es der Erzieherin offen. Nicht jedes Kind – oder anders gesagt: nicht jede Mutter – verabschiedet sich im selben Tempo – und das ist völlig okay.

IM KINDERGARTEN

SO KINDER,
WIR RÄUMEN JETZT AUF!

OH… ICH KANN
LEIDER NICHT.

WIESO DAS
DENN?

MEINE MAMA SAGT IMMER…
ICH BIN KREATIV. UND
KREATIVE RÄUMEN NICHT AUF.
DIE LEBEN IM CHAOS.

63 WENN BEOBACHTEN ZUR SPIONAGE WIRD

Die Kita hat ja diese schönen, riesigen Fenster – fast schon eine Einladung für Eltern mit Kontrollzwang. Also steigst du mit deinem Partner ins Auto, parkt direkt vor der Kita und guckt *„nur kurz"* rein. Und dann sitzt ihr da – leicht nach vorn gebeugt, wie zwei Geheimagenten mit Herzklopfen. Beide starrt ihr durch die Scheibe, flüsternd: *„Da! Er lacht! Nein, Moment – jetzt guckt er komisch. Was heißt das?!"* Dein Partner wischt die Scheibe frei, du machst auf einmal Fotos im Kopf, für alle Fälle. Die Nachbarn denken, ihr plant einen Einbruch. Dann der Moment: Die Erzieherin hebt den Blick – direkt in eure Richtung. Ein Sekundenblick, der sagt: *Ich hab euch gesehen.* Ihr fahrt los, so schnell wie möglich, als würdet ihr von einem Tatort fliehen.

Am nächsten Tag sitzt ihr im Büro, wie zwei Verdächtige im Verhörraum. Kurzes, höfliches Gespräch mit dem Unterton von *Wir wissen alles.* Man erklärt dir, dass das Beobachten *„nicht ideal"* sei. Und plötzlich bricht's aus dir heraus – das innere Drama. *„Ich bin Mutter! ICH! Eine Mutter! Wissen Sie überhaupt, was das heißt?"* Kurze Stille. Alle nicken langsam. Keiner sagt was. Du verlässt das Büro – leicht beschämt, aber auch ein bisschen stolz. Denn du denkst: *ein bisschen Drama steht jeder Mutter zu.*

Weg, um nicht auszuticken:

Vertrau dem System. Und deinem Kind. Wenn du wirklich wissen willst, ob es glücklich ist – frag es beim Abholen, nicht durchs Fenster. Denn dein Kind braucht kein Publikum – es braucht Eltern, die loslassen können.

64 BROTDOSEN-OLYMPIADE

Du scrollst durch Pinterest und denkst: Morgen mach ich's auch so! Perfekt arrangierte Bento-Boxen, Obsttiere mit Augen, Sandwiches in Herzform – alles sieht nach Liebe, Ordnung und Zen aus. Schnitt – Realität.

Du: zerzauste Haare, Augenringe in Pantone-Tönen, ein Baby auf dem Arm, mit dem Fuß streichelst du den Hund, während du mit der freien Hand aus der Spülmaschine ein Messer fischst und mit der Hüfte die Tür schließt. In der anderen Hand: eine Gurke. Du versuchst, sie in perfekte Sternformen zu schneiden, so wie auf Pinterest. Nach dem dritten Versuch sieht's eher aus wie *„Gemüsereste der Verzweiflung"*. Brot, Gurke, Brot, Gurke – du schneidest, du kaust, du rettest, was sich essen lässt. Zwischendurch rufst du *„Ich kooomm gleich!"*, weil aus dem Kinderzimmer schon das vertraute *„Mamaa, wo ist meine Socke?"* tönt. Und während du die halbe Gurke aufisst, denkst du: Zumindest ist sie bio.

Weg, um nicht auszuticken:

Brotdosen-Perfektion ist kein Lebensziel, sondern ein Deko-Vorschlag. Wenn die Brotdose aussieht wie ein Unfall mit Vitamin C – völlig okay. Dein Kind will keinen Kunstpreis gewinnen, sondern einfach was zu essen. Liebe steckt nicht in der perfekten Form, sondern im Chaos, das du morgens überlebst.

65 KITA-VIREN – ALLES KOMMT NACH HAUSE

Du dachtest, die Eingewöhnung wäre vorbei? Falsch gedacht – jetzt beginnt *die Virolution*. Kaum in der Kita, schon läuft die Nase. Erst deins, dann seins, dann das vom Nachbarkind. Einer niest im Gruppenraum, und drei Tage später niest halb Deutschland. Die Kita ist kein Ort der Bildung – sie ist ein biologisches Austauschprogramm.

Alles kommt nach Hause: Glitzer, Sand, fremde Socken, und natürlich Viren in Deluxe-Ausführung. Und während du dich gerade von einer Erkältung erholst, startet dein Kind ins nächste Level: *die Läusesaison.*

Der Anruf aus der Kita klingt harmlos: *„Nur zur Info, wir haben ein paar Fälle von Läusen."* Zehn Minuten später juckt dir plötzlich der ganze Körper. Du kratzt dich diskret am Kopf, während du googelst, wie Läuse eigentlich aussehen – Fehler! Jetzt juckt's doppelt. Du checkst dein Kind, die ganze Familie, sogar den Hund – sicher ist sicher. Dann wäschst du Kissen, Decken, Puppenkleider, Helme, Jacken, Kuscheltiere – alles, was je ein Haar gesehen hat, bei 60 Grad. Der Staubsauger läuft, das Shampoo riecht nach Apotheke und Verzweiflung, und du schwörst dir: *Wenn das nochmal passiert, rasiere ich uns alle kahl.*

Weg, um nicht auszuticken:

Akzeptiere es: Kita ist wie ein Fitnessstudio fürs Immunsystem. Lach drüber, trink Tee, und gönn dir extra Taschentücher – am besten im Familienpack.

KAPITEL 10

MUTTER & KIND

NÄHE, NERVEN UND DIE TÄGLICHE PRÜFUNG DER LIEBE

66 ENDLOSE FRAGEN

Es beginnt harmlos. *„Mama, warum ist der Himmel blau?“* – niedlich, neugierig, du erklärst geduldig. Zwei Minuten später: *„Warum gibt's keine lilanen Kühe?“* Fünf Minuten später: *„Warum heißt die Sonne Sonne?“* Und irgendwann, mitten in der Nacht: *„Mama, wer hat eigentlich den ersten Baum erfunden?“* Willkommen in der Warum-Phase – der Zeit, in der dein Kind nicht spricht, sondern ununterbrochen recherchiert.

Du bist nicht mehr Mutter, du bist Sprachassistentin in Menschengestalt. Und das Schlimmste? Es gibt keine Pausentaste. Manchmal fühlst du dich wie in einem Live-Quiz, bei dem du weder die Fragen kennst noch die richtige Antwort hast. Sagst du *„Weiß ich nicht“*, kommt sofort: *„Warum weißt du das nicht?“* Aber zwischen all den Nervenmomenten merkst du: Da wächst ein kleiner Forscher heran, der die Welt wirklich verstehen will – und dich gleich mit.

Weg, um nicht auszuticken:

Antworte, so lange du kannst – und wenn dein Gehirn aussteigt, frag zurück: *„Was glaubst du denn?“* oder *„Wollen wir's zusammen rausfinden?“* So wird aus Neugier ein Abenteuer. Mach kleine „Warum-Expeditionen“: Beobachtet, wie Regenwürmer nach dem Regen auftauchen. Pustet Seifenblasen und überlegt, warum sie rund sind. Sucht Federn im Park – und ratet, zu welchem Vogel sie gehören. So stillst du den Forscher-drang deines Kindes, ohne dass du selbst zum Wikipedia-Server wirst. Denn Kinder wollen nicht nur Antworten – sie wollen entdecken. Und das darf ruhig Spaß machen.

IM AUTO
Fass bitte nicht an den Türgriff, okay?
Warum?
Weil die Tür sonst aufgeht.
Warum?
Weil das gefährlich ist.
Warum?
Weil... wir dann fliegen.
Oh! Wie Vögel?
Nee... Eher wie Einkaufstüten.
Und dann?
Was und dann? Versteht du es denn nicht? Es ist gefährlich, verdammt, fass nicht an den Türgriff!
Warum?

67 EXTRA-WÜNSCHE AM TISCH

Du dachtest, du kochst für eine Familie – in Wahrheit leitest du ein Fünf-Sterne-Restaurant mit sehr schwierigen Gästen. Dein Publikum besteht aus kleinen Kritikern mit feiner Nase und Null-Toleranz. Nudeln essen sie nur, wenn keine Soße drauf ist. Lasagne mögen sie, aber nicht die von gestern. Pizza geht immer, solange sie nicht zu gesund wirkt. Kartoffelauflauf ist völlig in Ordnung – bis Brokkoli, Erbsen oder Möhren darin auftauchen. Spinat wird grundsätzlich abgelehnt. Suppe funktioniert nur, solange Brot da ist – ist das Brot weg, ist der Hunger auch vorbei. Und wird schon beim Servieren verurteilt: *„Der riecht so traurig."*

Also pürierst du heimlich Gemüse, hoffst, dass sie's nicht merken. Doch sie schmecken's trotzdem raus – diese Kinder könnten im Labor als Gemüsespürhunde arbeiten. Und am Ende, wenn alles versagt, heißt es: *„Ich habe Hunger, aber nur auf Schokolade."* Zu Hause schieben sie das Essen hin und her, seufzen, als wäre jede Erbse eine Prüfung des Lebens. Doch kaum sind sie in der Kita, essen sie drei Teller nacheinander – inklusive Gemüse. Und bei Oma? Da wird sogar Fisch gegessen. Wenn du erwähnst, dass sie kaum etwas essen, sagt Oma nur lächelnd: *„Ach was, du dramatisierst! Bei mir klappt das immer."*

Weg, um nicht auszuticken:

Zwingen bringt gar nichts. Wenn du Druck machst, verliert das Kind die Lust am Essen. Biete zwei Optionen an – zum Beispiel Kartoffeln oder Reis, Apfel oder Banane. So hat dein Kind das Gefühl, mitentscheiden zu dürfen – und du hast gute Chancen, dass wenigstens eine Sache im Bauch landet.

AM TISCH

Ich: „Mit Essen wird NICHT gespielt."

Sie: „Mach ich ja nicht."

Ich: „Aber du redest gerade mit deiner Gurke."

Sie: „Ja! Ich versuche sie zu überreden… sie will nicht gegessen werden."

Sie: „Mama, ich wäre so gern ein Hase."

Ich: „Warum denn?"

Sie: „Weil Hasen Karotten essen… und ich habe gerade sooo Lust auf eine Karotte."

68 BILDSCHIRMZEITEN-KRIEGE

Du willst es richtig machen. Kein Dauer-Tablet, kein Handy-Marathon. Also sagst du: *„Spiel doch erst mal ein bisschen mit deinen Legos."* Er nickt, baut 30 Minuten lang ein beeindruckendes Raumschiff, kommt dann wieder: *„Ich hab gespielt. Darf ich jetzt Tablet?"* Du schlägst Alternativen vor: *„Wie wär's mit einem Puzzle? Oder wir kochen zusammen?"* Er beschäftigt sich wieder kurz, lacht sogar – und du denkst: *Yes, geschafft!*

Also gehst du an deine Aufgaben, und zehn Minuten später liegt er wieder mitten im Zimmer, starrt an die Decke und seufzt: *„Mir ist langweilig... darf ich jetzt gucken?"* Und da merkst du: Es geht gar nicht ums Gucken. Es geht darum, dass viele Kinder gar nicht mehr wissen, wie man Langeweile aushält. Wie man selbst Ideen findet, sich beschäftigt, etwas erschafft. Die Bildschirme haben ihre Neugier ersetzt – und das ist das eigentliche Problem.

Weg, um nicht auszuticken:

Wenn du ein Verbot aussprichst, dann lebe es auch vor. Kein Kind nimmt *„Kein Handy!"* ernst, wenn Mama selbst mit dem Handy in der Hand spricht. Kinder lernen durch Beobachtung, nicht durch Befehle. Ersetz „Verbot" durch *„Alternative"*. Schaff kleine Rituale: Puzzle, gemeinsam kochen, basteln, DIY-Spiele, Montessori-Aktivitäten. Nicht perfekt, aber echt. So lernt dein Kind wieder, dass Spaß nicht flimmert – er wächst aus den eigenen Händen.

MOTTO DES TAGES:
„WER VORBILD IST,
BRAUCHT WENIGER REGELN."

69 KINDER SABOTIEREN PLÄNE

Du planst. Du organisierst. Du freust dich. Alles steht: Tasche gepackt, Haare sitzen, Kaffee halb getrunken. Und genau in dem Moment, in dem du denkst *„Jetzt kann's losgehen"*, tritt das Naturgesetz in Kraft: Das Kind merkt's.

Plötzlich muss noch jemand dringend auf die Toilette. Oder findet jetzt sofort das falsche T-Shirt lebenswichtig. Oder kippt den Kakao über die Hose, die du gerade frisch angezogen hast. Wenn du ein wichtiges Gespräch hast, bekommt es Fieber. Wenn du pünktlich sein willst, verschwindet ein Schuh. Wenn du dich gerade schminken willst, hört man: *„Mamaaa, mein Finger klebt!"*

Und du weißt: Das Universum testet dich. Denn Kinder haben einen siebten Sinn – nicht für Gefahr, sondern für elterliche Pläne. Je wichtiger der Termin, desto größer das Chaos. Am Ende kommst du verschwitzt, halb geschminkt und drei Minuten zu spät an, lächelst tapfer und sagst: *„Sorry, Kindersachen..."* Niemand fragt weiter. Jeder weiß, was das bedeutet.

Weg, um nicht auszuticken:

Plane weniger Perfektion, mehr Puffer. Kinder sind keine Kalenderpunkte, sie sind unberechenbare Naturgewalten. Und wenn alles schiefläuft – atme, lach, mach ein Foto. Manchmal sind die sabotierten Tage die besten Geschichten.

MOTTO DES TAGES:
„MAMA PLANT – DAS KIND ENTSCHEIDET, OB DAS UNIVERSUM MITMACHT."

70 ENDLOSE GUTE-NACHT-VERHANDLUNGEN

Du sagst *„Gute Nacht“* – und plötzlich erinnert sich dein Kind an jede mögliche Grundbedürfnis-Kategorie, die ein Mensch haben kann. Tagsüber hat es weder Durst, noch Hunger, noch Redebedarf. Aber im Moment, in dem das Licht gedimmt wird, erwacht in ihm ein ganz neues Wesen: der kleine Nacht-Philosoph. Da wird erst ein Schluck Wasser gebraucht, dann *„noch kurz“* die Toilette, dann eine Umarmung, dann *„irgendwie fühlt sich das Kissen komisch an“*, dann meldet sich ein plötzlicher Hunger, und kurz darauf fällt dem Kind ein, dass es noch etwas extrem Wichtiges erzählen muss.

Du sitzt daneben, atmest tief, versuchst nicht zu lachen, nicht zu weinen, versuchst einfach nur, den Abend zu überleben. Und jedes Mal, wenn du denkst, jetzt, jetzt schläft es wirklich, hörst du dieses kleine Rascheln, das verrät: Der Tag ist emotional noch nicht ganz vorbei. Doch dann – irgendwann – schließt sich das letzte kleine Augenlid, und du schaust auf dieses friedliche Gesicht, das gerade noch den Oscar fürs „Nicht-schlafen-Können“ verdient hätte. Und plötzlich macht alles wieder Sinn.

Weg, um nicht auszuticken:

Schaff ein klares Ritual – einmal trinken, einmal Toilette, einmal kuscheln. Alles bewusst, alles in Ruhe. Und danach: *Schlussstrich.* Kinder brauchen abends Grenzen, damit ihre kleinen Seelen endlich zur Ruhe finden können. Und wenn die ganze Vorbereitung länger dauert als eine Umzugsplanung – dann fang einfach früher an. Je ruhiger der Start, desto schneller der Schlaf. Und du bekommst endlich deinen Feierabend.

DIE HEXE

MAMA, NACHTS KOMMT IMMER EINE HEXE IN MEIN BETT. SIE NIMMT DEN GROSSEN TEDDY, DER NEBEN MEINEM KISSEN LIEGT, UND STELLT IHN AN MEINE FÜSSE.

SCHATZ, DEN TEDDY STELLE ICH AN DEINE FÜSSE, DAMIT DU BESSER ATMEN KANNST.

AHA...
DANN BIST DU ALSO DIE HEXE, MAMA?

71 NIE ENDENDE DEALS

Am Anfang klingt alles ganz vernünftig. *„Ich räum gleich auf, Mama. Versprochen."* Du weißt schon beim ersten Wort, dass *„gleich"* in Kinderzeit ungefähr *„nie"* bedeutet. Fünf Minuten später folgt das erste Angebot: *„Wenn ich jetzt aufräume, darf ich dann Tablet gucken?"*

Kinder verhandeln über alles: Aufräumen, rausgehen, Gemüse essen – sogar darüber, wie viele Minuten *„nur kurz"* sind. Sie zitieren frühere Aussagen: *„Gestern durften wir aber!"* Sie nutzen emotionale Argumente: *„Du bist die beste Mama, wenn du's mir gibst."* Sie setzen psychologischen Druck: *„Papa hätte ja gesagt."* Und du weißt – das ist kein Satz, das ist ein taktischer Treffer.

Du hältst dagegen, bleibst standhaft – bis sie mit großen Augen flüstern: *„Ich liebe dich, Mama."* Und zack – Vertrag unterzeichnet. Du merkst, dass du in einem Spiel steckst, das du nicht gewinnen kannst: Erfüllst du ihren Wunsch, bist du die beste Mama – tust du's nicht, die schlimmste. Eine liebevoll verpackte Manipulation mit großen Augen und klebrigem Charme.

Weg, um nicht auszuticken:

Mach keine Deals, die du nicht einhalten willst. Sag, was gilt – und bleib dabei, auch wenn die Verhandlungstränen fließen. Denn jedes Zuhause braucht klare Regeln – ohne sie herrscht Chaos, und Kinder fühlen sich verloren. Struktur ist keine Strafe, sie ist Sicherheit.

72 MAMA-MOMENTE, DIE SOFORT WEH TUN

Es passiert schneller, als du willst. Der Tag war stressig, alle warten auf dich, dein Kind hat seinen stursten Moment ausgepackt – und plötzlich wirst du laut. Und genau dann passiert dieser Moment, der dir den Rest gibt: Du sagst völlig überfordert, dein Kind soll zur Oma ins Auto gehen – einfach weil alles gerade zu viel ist. Es steigt also rüber, schnallt sich an, bemüht sich tapfer nicht zu weinen. Und du hältst es exakt zwei Minuten aus, bis du am Straßenrand anhältst und sagst: *„Komm zurück. Ich war einfach gestresst."*

Oder du sitzt später am Bett, hoffst, flehst innerlich, dass dein Kind bitte einschläft – und kaum schläft es, trifft dich die Reue wie eine Welle. Du schaust dieses kleine Gesicht an, so friedlich, und plötzlich brennen dir die Augen. Manchmal kommen sogar leise Tränen, weil du dir denkst: Warum war ich so streng? Warum so laut? Das ist dieses typische Mama-Paradox: Beim Einschlafen betest du um Ruhe – und sobald sie schlafen, bricht dein Herz, weil du jede Sekunde liebst, auch die chaotischen. Und dann flüstert diese kleine, fiese Stimme im Kopf: *„Bin ich eine schlechte Mutter?"* Nein. Bist du nicht. Du bist nur eine Mutter, die fühlt.

Weg, um nicht auszuticken:

Mach's dir nicht schwerer, als es ist. Kurze Entschuldigung, kurzer Reset, große Umarmung. Keiner braucht Perfektion – weder du noch dein Kind. Kinder lernen nicht aus Fehlerfreiheit, sondern aus Echtheit. Und manchmal ist ein warmes *„Tut mir leid, ich war gestresst"* die beste Erziehung der Welt.

13 KRACH ZU HAUSE – UND DIE NACHBARN FÜHREN PROTOKOLL

Zu Hause mit Kindern ist es nie einfach *„laut"*. Es ist Bass-Laut, Trommel-Laut, Baustellen-Laut – aber alles zusammen. Ein Ball hüpft EINMAL – und unten klingt es, als würde jemand versuchen, durch den Boden zu bohren. Die Kinder spielen, rennen, springen, schieben Stühle, lassen Dinge fallen, finden den Ball wieder, verlieren ihn, werfen ihn – und du sitzt im Wohnzimmer, starrst ins Leere und flüsterst innerlich: *„Bitte... heute nicht klingeln... bitte..."* Aber natürlich: Ding-Dooong. Immer derselbe Nachbar, immer derselbe Blick – freundlich, aber leicht geschockt. *„Ähm... ist alles in Ordnung da oben?"* Du lächelst, entschuldigst dich, erklärst, dass du wirklich schon fünfmal gesagt hast, sie sollen leise sein. Und GENAU in diesem Moment fällt im Kinderzimmer etwas um. BAM. Der Nachbar blinzelt. Du blinzelst zurück. Ihr beide wisst: Er steht morgen wieder vor der Tür. Zuhause mit Kindern ist kein ruhiges Zuhause – es ist ein Mini-Abenteuerpark, ein Indoor-Sturm, ein Ort voller Energie. Manchmal nervig, oft chaotisch – aber einfach: echtes Leben.

Weg, um nicht auszuticken:

Wenn drinnen unbedingt etwas rollen muss, dann Glasmurmeln – klein, leise und ohne *„BOOM"*-Effekt. Springen und Rennen lieber draußen – Spielplatz ist die beste Ventil-Lösung. Ruhige Spiele starten, bevor deine eigenen Nerven *„Hallo, ich breche gleich"* sagen. Und: Mit den Nachbarn vorher reden. Ein kleines *„Wir geben uns Mühe!"* wirkt Wunder. Vielleicht wird es nicht leiser – aber es wird friedlicher.

KAPITEL 11

SCHULE

DAS TÄGLICHE REALITY-FORMAT FÜR ELTERN

74 ENDLICH – MEIN KIND IST EIN SCHULKIND!

Der erste Schultag. Du stehst da mit Schultüte, Taschentuch und Gänsehaut. Dein Kind in der ersten Reihe, Ranzen größer als der Rücken, strahlt wie ein kleiner Sonnenschein mit Zahnlücke. Die Lehrerin winkt, du winkst zurück – stolz, gerührt, glücklich. Ein Moment fürs Herz. Was du da noch nicht weißt: Hinter diesem unschuldigen Winken lauert ein neues Kapitel des Elternlebens. Mit Hausaufgaben, Freundschaftsdramen, Taschentuchbergen, und Vorpubertäts-Attitüde. Aber heute weißt du davon noch nichts. Du siehst nur dein Kind und du denkst mit stolzen Augen: *Endlich – mein Kind ist ein Schulkind!*

Schnitt – fünf Monate später. Du stehst in der Küche, rührst im Topf, hilfst gleichzeitig bei Mathe, suchst den siebten verschwundenen Bleistift, findest stattdessen einen Radiergummi mit hineingebohrtem Stiftstummel – eine Art Kunstinstallation. Du erklärst geduldig, während er die Augen verdreht und mit den Füßen aufstampft. Das Heft ist schon längst kein Heft mehr – mehr ein zerknittertes Drama-Dokument mit Radiergummiflecken. Drinnen tobt der kleine Frust-Sturm. Schließlich sitzt du da und machst die Hausaufgaben einfach selbst.

Weg, um nicht auszuticken:

Mach die Aufgaben nicht selbst – begleite sie. Lass dein Kind zehn Minuten konzentriert arbeiten, dann gibt’s Pause, Bewegung, Snack, Lachen. Wenn die Stimmung wieder hell ist und das Gehirn Platz hat, macht ihr noch einmal zehn Minuten. So bleibt Lernen kein Kampf, sondern ein Rhythmus – und ihr beide überlebt den Nachmittag mit Würde.

ERSTER TAG IN DER SCHULE

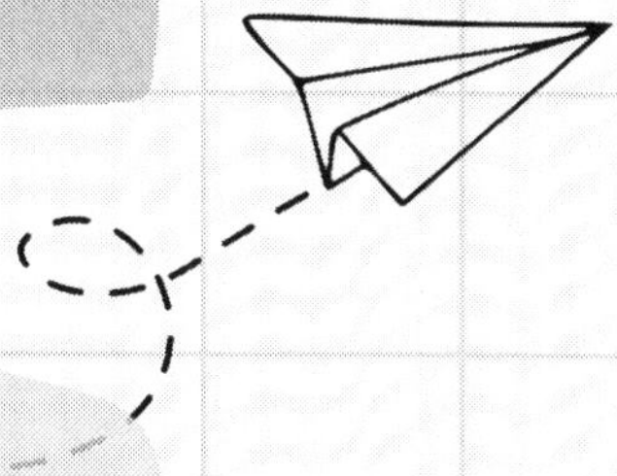

Sie: „Mama, ich habe heute in der Schule geredet."

Ich: „Aha, cool! Und was hast du geredet?"

Sie: „Ich habe meinen Namen geredet."

Er: „Mama, ich geh nicht mehr zur Schule."

Ich: „Was? Warum denn?"

Er: „Ich schreibe den ganzen Tag nur A... mehr wissen die da wohl nicht."

75 DIE ERSTEN MINI-KRISEN IN DER SCHULE

Am Anfang läuft alles noch süß und unkompliziert. Neue Freunde, kleine Abenteuer, bunte Hefte – Schule ist ein Spielplatz mit Hausaufgaben. Bis plötzlich die ersten kleinen Schatten auftauchen. *„Wie war's?"* fragst du. *„Geht so"*, sagt dein Kind – und du weißt: Da steckt mehr dahinter als zwei Worte.

Mal hat dein Kind jemanden geärgert, mal wurde es geärgert, mal war alles ein Missverständnis, mal ein Drama aus nichts. Mal ist es eine schlechte Note, die sich anfühlt wie Weltuntergang. Mal ein Streit in der Pause, der plötzlich *„beste Freunde für immer"* beendet.

Du merkst: Schule ist nicht nur Rechnen und Schreiben. Schule ist ein eigenes Universum mit Regeln, Rollen, Unsicherheiten, Mutproben, Freundschaftsschwüren und Mini-Krisen, die für Kinder riesig wirken. Und du wirst plötzlich zur Krisenmanagerin, obwohl du nur Nudeln kochen wolltest. Alles an einem Nachmittag.

Weg, um nicht auszuticken:

Nicht sofort reagieren – erst zuhören. Kinder erzählen erst, wenn sie spüren, dass du nicht gleich urteilst. Kurze Fragen helfen: *„Was ist passiert?" „Wie fühlst du dich?" „Was brauchst du?"* Und dann Schritt für Schritt: Miteinander reden, Lehrerin ansprechen, Grenzen erklären, Mut machen. Dein Kind muss nicht alles allein schaffen. Es muss nur wissen: Zu Hause gibt es jemanden, der zuhört – egal, was in der Schule passiert.

76 ELTERNABEND: MEHR GEREDE ALS ERGEBNISSE

Der Elternabend klingt immer so harmlos. Doch nach wenigen Minuten wird dir klar: Das hier ist mehr Monolog als Information. Die Lehrerin erklärt alles ausführlich – so ausführlich, dass du irgendwann nicht mehr weißt, ob sie noch über Hausaufgaben spricht oder schon über die Bedeutung des Lebens. Zwischendurch werden Formulare verteilt, die niemand versteht, aber alle brav mitnehmen.

Und dann beginnt der zweite Teil des Dramas: Die Fragen der Eltern. *„Wie genau definieren Sie Hausaufgabe?“ „Ist Filzstift oder Buntstift pädagogisch sinnvoller?“ „Können Sie die Kinder während des Unterrichts bitte öfter daran erinnern zu trinken?“* Du sitzt da, nickst höflich und fragst dich innerlich, warum du eigentlich deine warmen Hausschuhe gegen eine unbequeme Schulbank eingetauscht hast.

90 Minuten sind vorbei, und du hast erfahren: dass die Sitzordnung bald *„möglicherweise“* geändert wird. Die eigentlichen Probleme der Klasse werden *„beim nächsten Mal“* besprochen. Die Lösungen? Gibt’s nicht. Aber Hauptsache: Alle sind informiert darüber, dass der Klassenschrank jetzt ein neues Schloss hat. Du gehst raus und denkst dir: *Für das alles hätte eine kurze E-Mail gereicht.*

Weg, um nicht auszuticken:

Konzentriere dich nur auf die wirklich wichtigen Punkte – Termine, Materialien, Hausaufgaben, Ablauf und Regeln. Alles andere darf ohne schlechtes Gewissen an dir vorbeiziehen.

17 AUSFLUGSLISTEN LÄNGER ALS DIE NERVENSPANNE

Schulausflüge klingen immer nach Spaß: Frische Luft, lachende Kinder, ein bisschen Natur, vielleicht ein Bauernhof oder Museum. Die Realität beginnt jedoch vorher – und zwar mit der Ausflugsliste, die länger ist als die tatsächliche Wanderstrecke. *„Bitte geben Sie Ihrem Kind mit: wetterfeste Kleidung, Regenjacke, Snackbox, zwei Getränke, Mütze, Sonnencreme, Ersatzsocken, Zeckenkarte, Taschentücher, Heftpflaster, Müllbeutel, Schreibzeug und gesundes Frühstück.“* Du liest die Liste, schaust auf dein Kind und fragst dich ernsthaft, ob dein Kind wirklich nur einen Ausflug macht oder in die Wildnis geschickt wird.

Am Morgen ist dann alles gleichzeitig: Freude, Stress, Aufregung, und natürlich das berühmte *„Mama, geh nicht!“*. Du versuchst dein Bein aus seinem Klammergriff zu befreien, als würdest du in Zeitlupe eine Rettungsaktion durchführen. Kaum hast du es geschafft, passiert das Unvermeidliche: Du wirst selbst zur *Helikopter-Mama*. Erst ein kleines Foto, dann doch noch eins – und plötzlich winkst du wie jemand, der ein Schiff verabschiedet. Der Bus fährt los, du winkst weiter, machst noch ein letztes Foto und genau in diesem Moment fällt dir ein, dass du die Ersatzsocken vergessen hast. Natürlich.

Weg, um nicht auszuticken:

Ein kurzer, entspannter Abschied gibt deinem Kind mehr Sicherheit als zehn winkende Runden um den Bus. Kinder spüren jede Nervosität – also bleib locker und lächle. Dein Kind überlebt den Tag – auch ohne Drohne, Selfiestick und Richtmikrofon.

78 DIE GEFÜRCHTETE KLASSENKASSEN-SAISON

In der Schul-WhatsApp-Gruppe beginnt es meist mit einem unschuldigen Satz wie: *„Huhu, wir sammeln wieder…"* Und in diesem Moment weißt du: *Oh nein. Schon wieder.*

Kaum hast du einmal gezahlt – zack, kommt die nächste Liste.
Geld für das Geburtstagsgeschenk der Lehrerin,
Geld für Weihnachten,
Geld für den Klassenausflug,
Geld für die Gruppenfotos,
Geld für die Laternen,
Geld für Bastelmaterial,
Geld für das Abschiedsgeschenk der Praktikantin.

Und dann der berühmteste Satz in Elternchats: *„Wer nicht bezahlt, dessen Name kommt leider nicht auf die Geschenkekarte."* Oder noch schlimmer: *„Bitte denkt dran: Ohne Wichtel-Geld gibt es auch kein Wichtelgeschenk."*

Weg, um nicht auszuticken:

Sprich es ruhig an – freundlich, klar und ohne Scham. Wenn Sammelgeld dich finanziell belastet, bist du nicht allein. Du kannst immer der Lehrkraft oder dem Elternbeirat sagen: *„Können wir kleinere Beträge machen oder Alternativen finden?"* Das ist völlig legitim. Viele Familien trauen sich nur nicht, es auszusprechen. Aber ein ehrliches Gespräch schafft mehr Entlastung, als alles heimlich mit Bauchweh zu bezahlen.

79 ZEUGNIS – SCHULDGEFÜHLE GRATIS FÜR MAMA

Man weiß, dass dieser Tag kommt – und trotzdem fühlt es sich jedes Mal so an, als würdest du nicht das Zeugnis deines Kindes öffnen, sondern dein eigenes. Plötzlich misst du nicht Mathe, Deutsch oder Verhalten, sondern deine gesamte Mutterschaft. Dein Kind bringt das Zeugnis stolz nach Hause, du öffnest es vorsichtig, als könnte es explodieren, und scannst jede Zeile wie ein FBI-Agent. Ein „gut“ wärmt dein Herz, ein „befriedigend“ piekst kurz, und ein „da gibt es noch Potenzial“ trifft dich so, als hättest du persönlich die Hausaufgaben verweigert oder in der Mathestunde gefehlt.

Während dein Kind fröhlich die Zeichnungen im Zeugnis bewundert, führst du in deinem Kopf bereits einen kompletten Mama-Schuldprozess: *Hätten wir mehr üben sollen? Mehr fragen? Mehr fördern?* Am Ende blickst du dein Kind an, siehst sein stolzes, verschmiertes Lächeln und weißt: Dieses Zeugnis bewertet nicht dich. Es zeigt nur, wo dein Kind gerade steht – nicht, wohin es gehen wird.

Weg, um nicht auszuticken:

Atme zuerst und nimm den Druck raus – ein Zeugnis ist kein Urteil über deine Mutterrolle. Sprich mit deinem Kind in Ruhe darüber, was gut läuft und was schwerfällt, ohne Bewertungen, ohne Drama. Frag: „Was hat dir dieses Halbjahr Spaß gemacht? Wo fühlst du dich unsicher? Was wünschst du dir?“ So lernst du mehr über dein Kind als jede Note verraten kann.

KAPITEL 12

UNTERWEGS MIT KIND

IMMER BEREIT FÜR PLAN B, C UND D

80 AUSFLÜGE – DER TÄGLICHE ÜBERLEBENSKAMPF

Ausflüge klingen immer wie ein kleiner Mini-Urlaub: frische Luft, schöne Aussicht, entspannte Familienzeit. Die Realität beginnt aber schon beim Packen – Snacks, Getränke, Mützen, Wechselklamotten, Sonnencreme, Pflaster, Taschentücher, Müllbeutel, Lieblingssnack, „falls er's doch nicht mag"-Snack... und irgendwann fragst du dich: *„Gehen wir wirklich nur in den Park?"*

Am Ziel angekommen wird's nicht besser. Während alle versuchen, *„einfach mal zu entspannen"*, rennst du hinter dem Kind her, verteilst Sonnencreme, suchst Schuhe, sammelst Jacken ein, verteilst Snacks, suchst wieder Schuhe, rettest das letzte Sandwich vor den Ameisen und verhandelst lautlos mit den Wolken, ob sie bitte heute nicht regnen könnten. Und kaum sitzt du endlich mal für zwei Minuten, hörst du: *„Mamaaaa, wo ist meine Jacke?"* Die Jacke, die du vor drei Minuten in die Tasche gepackt hast. Aber jetzt ist sie natürlich verschwunden, weil Ausflüge die geheimnisvolle Fähigkeit haben, Dinge im parallelen Universum verschwinden zu lassen.

Am Ende des Tages bist du erschöpfter als nach einem vollen Arbeitstag. Die Kinder hingegen? Die haben den Spaß ihres Lebens und wundern sich, warum du so müde wirkst.

Weg, um nicht auszuticken:

Pack weniger, erwarte weniger, plane weniger. Kinder haben Spaß ohne perfekten Ablauf – und du überlebst den Tag besser, wenn du deinen inneren Reiseleiter kündigst. Erholung kommt später, wenn alle schlafen. Meistens.

81 EINSATZLEITUNG: WO IST DAS KIND?!

Alle sitzen gemütlich beim Picknick, die Sonne scheint, die Stimmung ist gut – bis jemand sagt: *„Wo ist eigentlich das Kind?"* Du drehst dich um, dein Kind ist nicht da – und dein Gehirn springt innerhalb von Sekunden in den Turbo-Panikmodus. In deinem Kopf dreht sich längst ein ganzer Kino-film voller Katastrophenszenarien. Plötzlich verwandelst du dich in eine Mischung aus Detektivin und Marathonläuferin. Während alle anderen noch halb gelassen dreinschauen, rufst du seinen Namen mit der Intensität einer Opernsängerin, schaust unter jeden Tisch, hinter jede Bank, in jede Richtung, in der ein Kind theoretisch verschwinden könnte. Dein Mutterinstinkt macht aus einer normalen Sekunde ein actiongeladenes Drama – und dann, während du kurz davorstehst, FBI, Spürhunde und zwei Helikopter zu organisieren, bewegt sich etwas im Auto: ein kleiner Kopf taucht auf, die Haare zerzaust, das Gesicht verschlafen – und das Kind sagt einfach nur: *„Hä? Ich hab doch nur kurz Nickerchen gemacht."* Und du stehst da, schweißgebadet, fünf Jahre gealtert und gleichzeitig so erleichtert, dass du ihn gleichzeitig umarmen und schimpfen würdest.

Weg, um nicht auszuticken:

In solchen Momenten ist es wichtig, dass du nicht in blinde Panik rutschst: erst den direkten Umkreis prüfen, Namen rufen, feste Treffpunkte vereinbaren und immer an die naheliegendsten Orte denken. Für später gilt: einfache Regeln einüben – nie weit weggehen, vorher Bescheid sagen und bei fremden Orten in Sichtweite bleiben. Vorsicht schützt, übermäßige Panik erschöpft nur dich. Ein klarer Plan gibt euch beiden Sicherheit.

FREMDE LEUTE

82 KIND IM STREIT

Es passiert schneller, als man denkt: Eben spielen die Kinder noch friedlich, drei Minuten später schreit jemand *„Ey!“*, und dein Kind steht vor dir – wütend, empört oder kurz vorm Weltuntergang. Du hörst im Hintergrund ein zweites Kind rufen: *„Er hat aber angefangen!“*, und in dem Moment springt dein Mutterinstinkt sofort an. Innerlich wirst du zur Löwin, willst beschützen, klären, gerecht sein – alles auf einmal.

Doch das eigentliche Chaos beginnt erst jetzt: *„Also MEIN Kind macht sowas nicht.“ „Ja, aber IHR Sohn hat...“ „Vielleicht sollten wir mal klären...“* Und plötzlich diskutieren zwei erwachsene Frauen über einen Streit, den niemand mehr genau versteht. Die Kinder haben sich in der Zeit meistens schon wieder vertragen und spielen weiter. Die Mütter? Die stehen noch da, halb angespannt, halb verwirrt, und versuchen, irgendwie würdevoll aus der Situation rauszufinden.

Weg, um nicht auszuticken:

Bleib zuerst ruhig – auch wenn dein Kind dich um Hilfe ruft. Hör beide Seiten kurz an, ohne sofort Partei zu ergreifen. Kinder streiten und vertragen sich schneller, als Mamas reagieren können. Und das Wichtigste: Lass dich nicht in den Streit der Erwachsenen hineinziehen. Ein klarer Satz wie *„Wir klären nur, was passiert ist – nicht mehr“* schützt dich und hält den Frieden. Dein Kind braucht dein Vorbild, nicht dein Kriegsgebrüll.

MOTTO DES TAGES:
**"ICH WAR SCHÜCHTERN.
BIS ICH MUTTER WURDE."**

83 SCHWIMMBAD MIT KINDERN

Sobald du mit Kindern im Schwimmbad bist, rennt dein Kind schon los, während du noch damit kämpfst, Badetasche, Handtuch, Wasserflasche, Schwimmflügel und Snacks gleichzeitig zu balancieren. Kaum habt ihr euch umgezogen, beginnt der nächste Stress: Das Kind möchte sofort ins Wasser springen – ganz egal, ob du bereit bist. Er ruft glücklich: *„Mama, guck mal!“*, *„Mama, ich tauche!“*, *„Mama, ich kann allein!“*, während du versuchst, in alle Richtungen gleichzeitig zu schauen, weil dein Herz jedes Mal kurz stehen bleibt. Du bist nur zwei Sekunden abgelenkt – da steht dein Kind plötzlich am tiefen Beckenrand, bereit zum Sprung seines Lebens. Und du gehst schneller los, als du je für möglich gehalten hättest.

Zwischendurch versuchst du, selbst kurz ins Wasser zu gehen – aber statt Erfrischung wirst du zum menschlichen Klettergerüst. Dein Kind hängt an dir wie ein Koala, zieht dich unter Wasser, spritzt dir ins Gesicht, und ruft gleichzeitig: *„Nochmal! Nimm mich hoch! Mach Delfin!“* Der Einzige, der sich erholt, ist das Kind. Nach zwei Stunden bist du klitschnass, durchgeschwitzt, ausgehungert. Dein Kind dagegen hüpft fröhlich zur Umkleide und sagt strahlend: *„Mama, wann kommen wir wieder?“*

Weg, um nicht auszuticken:

Vorher klare Regeln fürs Becken aufstellen, zwischendurch kurze Pausen einbauen, und akzeptieren, dass du heute nicht schwimmen, sondern retten, beobachten und tragen wirst. Je entspannter du bleibst, desto sicherer fühlt sich dein Kind

84 MITARBEITERIN WIRD PLÖTZLICH ZUR ERZIEHUNGSPOLIZEI

Manchmal willst du einfach nur kurz einkaufen. Ohne Stress, ohne Drama. Dein Kind schiebt seinen kleinen Roller – einfach nur rollend durch den Gang. Klar: Drinnen fährt man eigentlich nicht. Deshalb zeigst du ihm sofort mit einer Handbewegung: *„Stopp, hier nicht."* Er versteht, bleibt neben dir.

Und genau in diesem Moment erscheint sie: Die Mitarbeiterin mit dem Blick einer Person, die sich dringend einmal wichtig fühlen möchte. Und bevor du überhaupt reagieren kannst, ruft sie quer durch den Laden – wirklich laut, so dass sich alle umdrehen: *„Sie müssen ihrem Kind sagen, dass hier nicht mit dem Roller gefahren werden darf!"* Du frierst kurz ein. Dein Kind auch. Denn sie hat ganz genau gesehen, wie du ihn schon längst gestoppt hast. Aber manche Erwachsene brauchen offenbar eine Bühne. Du sagst ruhig: *„Ich habe es ihm schon gezeigt."* Sie hebt die Augenbrauen, als würde das nicht reichen. Als müsste man Kinder nur laut genug anschnauzen, damit es zählt. Und du fragst dich: *Warum glauben manche Mitarbeiterinnen, sie dürften Eltern belehren, obwohl die Situation längst geklärt ist*?

Weg, um nicht auszuticken:

Du musst dich nicht rechtfertigen. Du musst dich nicht erklären. Und du musst dich schon gar nicht anschnauzen lassen. Kurze, ruhige Sätze reichen völlig: *„Ich habe es geregelt." „Alles gut, wir kümmern uns."* Mehr muss es nicht sein. Kinder brauchen Eltern, die ruhig bleiben – nicht Eltern, die sich vor Fremden beweisen müssen. Und wenn eine Mitarbeiterin meint, sie müsste Chef-Erzieher spielen, dann ist das ihr Problem – nicht deins.

BEIM EINKAUFEN

KAPITEL 13

VORPUBERTÄT

„HILFE, MEIN KIND WIRD ÄLTER!“

85 VORPUBERTÄRE FRECHHEIT – KALTE MUTTERROLLE

Vorpubertät ist ein eigenartiges Zwischenland. Dein Kind ist weder klein genug, um alles süß zu finden, noch groß genug, um eigene Hormonzettel zu unterschreiben. Es ist mitten drin – und manchmal zeigt sich das ganz einfach durch Frechheit, die aussieht wie ein Mix aus Augenrollen, leises *„Oh mein Gott…“*, schiefes Atmen und einer Körpersprache, die dir sagt: *„Mama, bitte existier heute nicht.“* Manchmal musst du plötzlich die *„kalte Mutterrolle“* übernehmen. Nicht schreien, nicht diskutieren, nicht erklären – einfach mal kalt, kurz und klar bleiben. Die Stimme ruhig, der Blick neutral, die Grenzen fest. Nicht, weil du strafst, sondern weil du dich selbst schützt, bevor das Drama in die dritte Staffel geht.

Manchmal reicht aber auch ein einziges Alltagsproblem, um dein Kind mitten ins emotionale Nirwana zu katapultieren. Zum Beispiel, wenn es morgens nicht weiß, was es anziehen soll. *„Ich will einfach sterben!“* Weil das T-Shirt nicht passt… Weil die Hose „komisch sitzt“… Weil zwei Haare schief stehen… Oder weil du es gewagt hast zu sagen: *„Such dir einfach etwas aus.“* Alles ist plötzlich zu viel für dieses kleine, große Herz.

Weg, um nicht auszuticken:

Reagiere nicht auf den Ton, sondern auf die Botschaft dahinter. Kinder in diesem Alter provozieren nicht – sie sortieren sich. Kurze Pausen, klare Grenzen und ein ruhiger Satz wie *„So reden wir nicht miteinander“* wirken Wunder. Und wenn du die kalte Mutterrolle kurz spielst, hilfst du deinem Kind, die eigene Hitze wieder zu finden – ohne dass du mitverbrannt wirst.

86 DREI WÖRTER, EIN BLICK

Manchmal reicht ein einziger Satz, um ein friedliches Wohnzimmer in eine emotionale Krisenzentrale zu verwandeln. Du sagst ganz normal: *„Kannst du bitte..."*, und dein Kind dreht sich um, schaut dich mit diesem legendären Vorpubertäts-Blick an und antwortet mit drei Wörtern, die jede Mutter schon mindestens einmal gehört hat: *„Muss ich wirklich?"* Plötzlich kippt die Stimmung: Kein Drama, aber genug Spannung, um eine Glühbirne zum Flackern zu bringen. Dein Kind steht da, verschränkt die Arme, und sein Blick sagt: „Wieso immer ich?" Ein Augen-rollen, ein genervtes Ausatmen, ein leises „Mamaaaa", als wärst du gerade dabei, seine Grundrechte einzuschränken, nur weil du wolltest, dass er sein Zimmer aufräumen soll. Du willst ruhig bleiben. Du willst nicht persönlich nehmen. Aber dieser Blick? Der trifft tiefer als jede schlechte Note. Und das Beste? Zehn Minuten später sitzt er wieder neben dir, kuschelt sich ran, als wäre nichts gewesen, und fragt ganz normal: *„Mama, was essen wir?"*

Weg, um nicht auszuticken:

Vorpubertät ist eben kein Feind. Es ist ein spontanes Chaos mit Herz. Versuch nicht, jedes Drama sofort zu lösen. Manchmal braucht dein Kind einfach Platz, manchmal eine klare Grenze, und manchmal nur deine ruhige Präsenz. Hol es ab, aber steig nicht in jedes Gewitter ein: Atme einmal durch, sprich sanft, bleib stabil. Kinder in der Vorpubertät brauchen Orientierung – nicht Gegenangriff. Und wenn du gelassen bleibst, finden sie schneller zurück.

87 RÜCKZUG INS EIGENE KÖNIGREICH

Dein Kind verschwindet immer öfter in seinem Zimmer. Erst fünf Minuten, dann zehn, dann *„Ich bin mal in meinem Zimmer, Mama!“* – gesagt in einem Ton, als hätte es plötzlich ein eigenes Königreich gegründet. Und du stehst draußen im Flur, hörst Schieben, Rascheln, und weißt nicht, ob da drin gerade gespielt, gezeichnet oder eine geheime Revolution geplant wird. Du klopfst an – sanft natürlich –, und hörst ein völlig ernstes *„BITTE NICHT REINKOMMEN!“* In diesem Moment wird dir klar: Das ist nicht mehr nur ein Zimmer. Das ist ein eigener Staat mit eigener Regierung, eigenen Regeln und gelegentlich einer Grenzkontrolle.

Drinnen herrscht eine Mischung aus Chaos, kreativer Explosion und ungestörter Freiheit. Dein Kind spricht mit sich selbst, sortiert irgendwas, baut Welten, zerstört sie wieder, singt kurz, schweigt dann, zieht sich um, wirft alles aufs Bett und fühlt sich dabei völlig richtig. Es ist die erste Vorstufe zum Erwachsenwerden: das Bedürfnis, kurz allein zu sein. Und du? Du stehst draußen, fragst dich, ob du ihn einfach normal zum Essen rufen sollst, ehrfürchtig davor stehen musst oder dir doch besser eine Stahlrüstung anziehst, um für den nächsten Stimmungskampf bereit zu sein.

Weg, um nicht auszuticken:

Gib deinem Kind Raum – und nimm dir gleichzeitig deinen eigenen zurück. Vorpubertäre Rückzüge sind keine Ablehnung, sondern Training fürs Leben. Dein Job ist nur, die Grenze zu respektieren und trotzdem erreichbar zu bleiben.

HAUSAUFGABEN

Mach deine Hausaufgaben, mein Schatz.

Wie denn?! Ich hab meinen Stift verloren!!!

Der liegt doch direkt vor dir.

Mama… ich war emotional noch nicht bereit für diese Information.

Kannst du denn jetzt einfach deine Hausaufgaben machen?

Niemand versteht mich. Ich kann so nicht weiterleben. Wirklich.

88 HYGIENE-DISKUSSIONEN

Duschen mit einem vorpubertären Kind ist ein politischer Verhandlungsmarathon. Du sagst: *„Komm, wir müssen duschen."* Und dein Kind reagiert, als hättest du vorgeschlagen, ein Bein abzusägen. *„Warum denn heute? Ich war doch erst gestern vorgestern irgendwann mal..."* Danach beginnt das Ritual: Argumente, Gegenargumente, Deals, Drohungen, ein paar kreative Ausreden und mindestens eine Lebenskrise über trockene Haut, kaltes Wasser oder den Weltuntergang. Schaffst du es schließlich, ihn ins Bad zu lotsen, passiert etwas Magisches: Das Kind, das eben nicht duschen wollten, bleibt locker zwei Stunden im Badezimmer. Er taucht unter dem Duschstrahl, als würde er das Freischwimmen nachholen. Er probiert drei verschiedene Shampoos, singt fünf Lieder, hält Motivationsreden an sein Spiegelbild und lässt das Wasser durch die Handflächen laufen, als würde er die Geheimnisse des Universums entschlüsseln. Und während dein Kind im Badezimmer das Wellness-Programm seines Lebens erlebt, rechnest du im Kopf den Wasserverbrauch durch. Jede Sekunde kostet Geld. Jede Minute kostet Nerven. Nach einer gefühlten Ewigkeit kommt er raus, dampfend, glücklich, glänzend – und sagt den legendären Satz: *„Duschen tut sooo gut! Warum sagst du das nicht öfter?"*

Weg, um nicht auszuticken:

Mach feste Duschzeiten, ganz klare Regeln und noch klarere Grenzen. Nicht diskutieren, nicht verhandeln – kurz sagen, wann und wie lange, fertig. Vorpubertät braucht Struktur, kein Drama. Und wenn die Dusche wieder zur Konzertbühne wird: *Hol dir ein imaginäres Ticket und genieß die Show.*

89 DEMOKRATIE ZU HAUSE

„Mitbestimmung ist wichtig, Kinder sollen ihre Meinung äußern“, sagen wir als moderne Eltern – bis das Kind plötzlich wirklich eine Meinung hat. Du kündigst an: *„Wir fahren gleich zu den Verwandten.“* Und ab da beginnt eine politische Rede, für die jeder Bundestagsabgeordnete Respekt zeigen würde. *„Also... ähm... ich glaube, ich bin heute nicht stabil genug für so viele Tanten auf einmal. Mein Körper hat mir gesagt, dass meine Energie schon fast leer ist. Ich hab gestern geduscht, und du weißt ja: Nach dem Duschen braucht man mindestens zwei Tage Erholungszeit. Mein Gehirn hat auch beschlossen, dass Zuhause bleiben wissenschaftlich besser wäre, weil sonst meine inneren Kräfte kaputtgehen. Deswegen wäre es sehr gesund, wenn ich heute einfach... hier bleibe. Rein wissenschaftlich, Mama.“*

Du schaust dein Kind an – beide schweigend, beide wissen: Das war gerade der kreativste Versuch einer Verwandten-Vermeidungsstrategie aller Zeiten. Du sagst: *„Wir fahren trotzdem.“* Und dein Kind seufzt tief, rollt einmal die Augen – und steigt ins Auto, als würde es in ein schweres Schicksal gehen.

Weg, um nicht auszuticken:

Bleib freundlich – aber nutze dieselbe Strategie wie dein Kind. Sag einfach: *„Studien zeigen, dass Großeltern-Besuche die Mama-Energie massiv erhöhen. Und je höher meine Energie ist, desto größer ist deine Chance auf: längere Spielzeit, bessere Laune, Extra-Nachtisch und vielleicht sogar einen kleinen Wunsch am Abend. Also los.“* Ein bisschen Humor – und schon kippt die Diskussion zu deinen Gunsten.

90 NEUE INTERESSEN – NEUE PERSÖNLICHKEIT

Vorpubertät bedeutet nicht nur Stimmungsschwankungen – sie bedeutet auch täglich neue Identitäten. Heute kommt dein Kind aus der Schule und verkündet mit absoluter Überzeugung: *„Ich werde jetzt Fußballprofi.“* Du kaufst einen Ball. Am nächsten Tag lautet die Mission: *„Ich möchte Erfinder werden.“* Du suchst Kartons zum Basteln. Einen Tag später steht dein Kind vor dir, ernst wie ein Wissenschaftler, und sagt: *„Ich glaube, ich bin jetzt Künstler. Ich brauche Farben. Viele.“*

Noch bevor du die Pinsel ausgewaschen hast, interessiert es sich plötzlich für Astronomie, Dinosaurier, Kochen, Manga-Zeichnungen, Akrobatik oder irgendeinen Trend, den du noch nie gehört hast. Und du läufst hinterher wie ein persönlicher Manager, der bei jeder neuen Karriereoption nur denkt: *„Okay... welches Equipment brauchen wir diesmal?“*

Das Schönste daran? Dein Kind lebt diese neuen Persönlichkeiten mit einer Leidenschaft, die Erwachsene längst verlernt haben. Heute Profisportler, morgen Philosoph, übermorgen YouTuber. Und irgendwo dazwischen steckt die echte Persönlichkeit, die langsam Form annimmt – chaotisch, liebevoll, wild und unverwechselbar.

Weg, um nicht auszuticken:

Nimm's locker. Begleite die neuen Hobbys, ohne gleich Profi-Ausrüstung zu kaufen. Interesse darf kommen und gehen – du bleibst einfach der sichere Boden, während dein Kind durch tausend kleine Identitäten tanzt.

91 TASCHENGELD-DIPLOMATIE

Taschengeld klingt so einfach: Man gibt ein paar Euro, das Kind lernt mit Geld umzugehen, und alle sind glücklich. In der Theorie. In der Praxis läuft es so: Du gibst 5 Euro. Das Kind verlässt das Haus, dreht einmal um die Ecke, kommt wieder rein und sagt: *„Mama... das Geld ist weg. Alles. Es reicht NIE.“* Und du fragst dich, ob es unterwegs ein unsichtbares Loch in der Hosentasche hat – oder ob Taschengeld nur dazu dient, die kindliche Wirtschaftskrise live mitzuerleben.

Dann beginnt die berühmte Vorpubertäts-Verhandlung: *„Alle kriegen mehr!“ „Ich brauche das wirklich!“ „Das ist unfair!“* Du wirst von deinem eigenen Kind wirtschaftlich unter Druck gesetzt wie ein mittelgroßes Unternehmen. Und wenn du sagst: *„Du kannst sparen“*, guckt es dich an, als hättest du vorgeschlagen, dass es ab morgen freiwillig auf Lebensfreude verzichtet.

Weg, um nicht auszuticken:

Halte das Taschengeld einfach, klar und regelmäßig. Für Kinder in der Vorpubertät reichen meistens 3–6 Euro pro Woche, je nach Alter und Familienrhythmus. Wichtig ist weniger die genaue Summe, sondern dass sie lernen, mit einem festen Betrag auszukommen: ein bisschen sofort ausgeben, ein bisschen sparen, ein bisschen planen. Eine Spardose hilft beim Überblick, ein einfaches Kinderkonto (ab ca. 10 Jahren) noch mehr – da sehen sie schwarz auf weiß, wie ihr Geld wächst oder verschwindet. Weniger Drama, mehr Struktur: So wird Taschengeld zu einer kleinen Life-Lesson in Selbstständigkeit.

92 TREND-ALARM

Dein Kind kommt aus der Schule und sagt – *„Alle haben das."* Drei Stunden später suchst du im Internet nach den seltsam niedlich-hässlichen Mini-Monsterfiguren, die gleichzeitig süß und traumatisierend wirken, und die laut Online-Shop *„leider ausverkauft"* ist. Die Trendwelle trifft dich immer genau dann, wenn du dachtest, du hättest endlich Ruhe: Erst Sticker, dann Sammelkarten, dann diese Plüsch-Schlüsselanhänger, Glitzer-Pullis oder Socken mit Ohren. Und natürlich hat immer genau *ein* Kind in der Klasse das Ding, das plötzlich sozial überlebenswichtig wird. Dein Kind steht vor dir, mit Blick aus der Kategorie *„Ich werde sonst nie wieder glücklich"* – und du fragst dich, wann genau aus Elternsein ein Vollzeit-Job als Trend-Scout geworden ist. Du kaufst also irgendwann doch irgendwas Flauschiges, Glitzerndes, Seltsam-Guckendes – und zwei Wochen später liegt es auf dem Boden, komplett vergessen. Neuer Trend. Neues Drama. Neues Wesen mit Augen so groß, dass sie dich im Dunkeln beobachten könnten. Und du weißt: Nicht das Kind hat den Trend – der Trend hat das Kind.

Weg, um nicht auszuticken:

Nicht jedem Trend hinterherlaufen – nur einem pro Saison. Setz ein fixes Budget und sag: *„Du kannst wählen, aber nicht alles."* Lass dein Kind einen Teil mit Taschengeld mitfinanzieren, damit es den Wert spürt. Und bevor du kaufst, macht ihr den 48-Stunden-Test: Wenn der Wunsch zwei Tage später noch existiert, ist er echt. Wenn nicht – war's nur Pausenhof-Wetter. So bleibt dein Nervenkostüm stabil und der Boden nicht voller vergessener Plüsch-Monster mit Glubschaugen.

93 FREUNDE ZU BESUCH MIT UNSICHTBAREM SERVICE

Kaum stehen Freunde aus der Klasse in der Wohnung, verwandelt sich dein Zuhause in eine Mini-WG. Fünf Minuten später verschwinden sie in ihr Zimmer, das plötzlich zur Jugendherberge mutiert, und du hörst nur noch Kichern, Rascheln und gelegentlich ein *„Broooo"*. Du fühlst dich wie ein unsichtbarer Service-Roboter. Man ruft dich nur für Grundversorgung: *„Haben wir was zu trinken?" – „Mamaaa, Snacks?"* Du bringst es, bekommst ein schnelles *„Ah, danke"* und wirst dann höflich rausbefördert: *„Kannst du die Tür zumachen?"*

Währenddessen mutiert das Kinderzimmer zu einem eigenen Ökosystem: halb offene Schachteln, verstreute Socken, eine Chipstüte, die wie ein explodierter Beutel Konfetti aussieht, und eine Atmosphäre, die nach 20 Minuten aussieht wie nach einer Pyjama-Party mit Tornado. Später stürmen alle raus, werfen dir ein halbes *„Tschüüüüüß"* zu, verschwinden wie eine kleine Chaos-Truppe – und du bleibst allein zurück, mitten in Chipskrümeln, zehn Gläsern und einer Stille, die erst hörbar wird, nachdem sie weg sind.

Weg, um nicht auszuticken:

Klar absprechen: Wo gespielt wird, was erlaubt ist, und wer danach beim Aufräumen hilft. Du bist nicht das Personal, sondern die Mama. Snacks gibt's gern, aber nur mit Regeln. Und wenn du unsichtbar sein sollst, dann bitte auch beim Aufräumen.

94 „Aber alle anderen dürfen!“

Es gibt in der Vorpubertät einen magischen Satz, der jede Erziehungsregel sofort auflöst – wie ein Zaubertrick, nur ohne Magie: „Alle anderen dürfen.“ Egal, worum es geht. Handyzeit, TikTok, draußen bleiben, Süßigkeiten, Schlafenszeit, Horrorfilm, Loops im Spaßbad – dieser Satz stellt jede Grenze in Frage.

Du nennst eine Regel, dein Kind nennt 27 imaginäre Kinder, die angeblich ALLE genau das dürfen, was du gerade verboten hast. Seltsam nur, dass du diese großzügigen Super-Eltern nie zu Gesicht bekommst. Manchmal fühlt es sich an, als würdest du gegen ein komplettes Parallel-Universum erziehen: Eines, in dem niemand Hausaufgaben macht, jeder bis Mitternacht wach bleibt, Süßigkeiten Hauptmahlzeiten ersetzen und alle Kinder bereits mit neun Jahren Influencer-Verträge haben.

Weg, um nicht auszuticken:

Dein Kind versucht nicht, Grenzen zu zerstören – es versucht einfach nur herauszufinden, ob deine Standfestigkeit stärker ist als die angeblichen *„anderen“*. Bleib klar, ruhig und konsequent. Kinder vergleichen ständig – das gehört zur Entwicklung. Entscheidend ist, dass du deine Regeln nicht an „alle anderen“ orientierst, sondern an euren Werten zu Hause. Erklär kurz und verständlich warum eine Regel bei euch gilt, gib notfalls eine Alternative und bleib dabei. Wenn ein Kind versteht, dass du nicht gegen es bist, sondern für seine Sicherheit, sein Wohlbefinden oder seine Grenzen, verliert der Druck von außen an Kraft. Orientierung, nicht Diskussion – das gibt euch beiden Halt.

95 GEBURTSTAGSSTRESS – ALS GÄBE ES EINE JURY IM WOHNZIMMER

Der Geburtstag rückt näher – und plötzlich lebt in deinem Haus ein kleines, hochrangiges Mitglied einer imaginären Königswelt. Dein Kind wandelt durch die Zimmer wie ein Event-Manager, verteilt Aufgaben, prüft Dekorationen und hat zu allem eine sehr klare Meinung. *„Die Ballons müssen höher!“*, *„Der Kuchen muss pinker!“*, *„Die Girlande hängt schief!“*, und jedes Detail, das nicht royal genug wirkt, führt zu einer emotionalen Staatskrise. Ein falscher Teller? Weltuntergang. Eine Kerze zu wenig? Drama. Ein Krümel auf dem Boden? Unerlaubter Angriff auf das Königreich.

Und kaum denkst du, du hättest es geschafft – die Feier ist vorbei, die Gäste sind weg – merkst du: Es ist noch nicht vorbei. Denn jetzt folgt Runde zwei: die Feier mit der AG-Gruppe, die Feier mit den Klassenfreunden, die Feier mit dem Sport- oder Kunstkurs, und zwischendurch natürlich noch eine Mini-Feier im Familienkreis. Du bereitest also erneut Snacks vor, packst neue Tütchen, backst erneut Muffins, während dein Kind weiterhin majestätisch entscheidet, was *„geht“* und was *„überhaupt nicht geht“*.

Weg, um nicht auszuticken:

Ein Geburtstag für zuhause, kleine Mini-Geburtstagstüten für Schule oder Team – und fertig. Kinder jammern bei jedem Detail, aber wenn man es professionell angeht und nicht jede Krise groß macht, vergessen sie nach der Party sowieso alles. Nur der Stress bleibt kurz bei dir hängen. Also entspannt bleiben und tief durchatmen: Geburtstage sind laut, bunt und chaotisch – aber sie vergehen. Bis zum nächsten Jahr.

96 DIE „ZU COOLEN" KINDER, VOR DENEN DEIN KIND SICH VERBIEGT

In jeder Klasse gibt es sie: die *„zu coolen"* Kinder. Sie lehnen an Wänden, tragen Jacken, die sie eigentlich noch nicht einmal heben können, und sprechen in einer Sprache zwischen Nuscheln, Englisch und unverständlichem Jugend-Geheimcode, der irgendwo zwischen *„Bro"* und *„Chill mal"* hängt. Sie entscheiden, was cool ist, wer dazugehört und welche Wasserflasche plötzlich *„peinlich"* wird. Dann kommen die Tests: *„Wenn du mit uns abhängen willst, dann..." „Wir machen heute keine Hausaufgaben. Du auch nicht." „Wir essen nur Chips. Obst ist uncool." „Alter... Mach die Hose etwas tiefer, du wirkst zu brav."*

Und dein Kind? Es steht da wie ein kleiner Schauspieler, der in eine Rolle gedrückt wird, die überhaupt nicht zu ihm passt. Heute möchte es *„Bad Boy"* sein, morgen *„lässige Diva"*, übermorgen der *„Mir-ist-alles-egal"*-Typ – nur um irgendwo reinzupassen. Hinter jeder Entscheidung steckt auf einmal eine stille Frage: *„Was werden die davon halten?"* Und du kennst dein Kind. Dieses Verhalten ist keine *„Eigenentwicklung"*. Das ist *„Ich-will-dazugehören-und-weiß-nicht-wie"*.

Weg, um nicht auszuticken:

Stärke dein Kind. Rede über echte Freundschaft, darüber, wie sich Respekt anfühlt, und dass die lautesten Kinder nicht die stärksten sind. Mach Mut, eigene Entscheidungen zu treffen – und nicht jedes *„cool"* mitzuspielen. Und ganz wichtig: Zeig deinem Kind, dass das coolste Gefühl im Leben nicht Applaus von anderen ist, sondern sich selbst treu zu bleiben.

97 MOBBING – WENN DAS DRAMA GRÖSSER IST ALS DIE SITUATION

Dein Kind sagt beim Essen plötzlich: *„Mama… die in der Schule haben gesagt, meine Brotdose ist hässlich.“* Eigentlich nur ein Mini-Kommentar. Aber deine Mutter-Alarm-anlage hört das anders: *„Hässlig?! Wer sagt sowas?! Wer mobbt mein Baby?!”* Während dein Kind seelenruhig weiterisst, bist du innerlich schon dabei, eine komplette Krisensitzung einzuberufen. Du stellst Fragen wie ein Ermittler: *„Wer genau? Wie viele? Wo standen sie? Wie war der Tonfall?“* Das Kind: *„Weiß nicht. Ich wollte eigentlich nur essen.“* Doch du bist längst im Vollmodus. Du spielst sämtliche Szenarien durch:
Punkt 1: Gespräch mit der Lehrerin.
Punkt 2: Gespräch mit den Eltern der anderen Kinder.
Punkt 3: neues Brotdosen-Konzept.
Punkt 4: Anti-Mobbing-Kurs.
Punkt 5: Schulwechsel (falls nötig).

Während du deinen mentalen Plan vorbereitest, schaut dein Kind kurz hoch und sagt: *„Wir haben dann zusammen gespielt. War lustig.“* Zu spät. Du bist bereits emotional 17 Schritte weiter.

Weg, um nicht auszuticken:

Bleib ruhig und beobachte erst. Kinder übertreiben manchmal. Frag sachlich nach, hör zu, und wenn nötig: sprich kurz mit der Lehrkraft, um die Lage realistisch einzuschätzen. Wenn sich herausstellt, dass es mehr ist als kleine Reibereien, dann gibt es eine klare Richtung: Gespräch mit der Schule, gemeinsame Lösungen suchen, Selbstbehauptung stärken, klare Grenzen setzen und dein Kind emotional begleiten.

98 HERZFLATTERN BEIM KIND, HERZINFARKT BEI DER MUTTER

Es beginnt meistens völlig unscheinbar: Dein Kind sieht irgendeinen Menschen, der ihm gefällt – vielleicht aus der Klasse, vielleicht vom Spielplatz – und plötzlich verändert sich die komplette Körpersprache. Der Rücken richtet sich auf, die Stimme wird zwei Töne tiefer (oder fünf Töne höher), die Haare werden gecheckt, und ein ganz neues Wesen erscheint: das verliebte Vorpubertätskind. Du erkennst die Zeichen sofort. Dieser Blick. Dieses Kichern. Während dein Kind Herzflattern hat, bekommst du innerlich einen Mini-Herzinfarkt. Denn jetzt geht in deinem Kopf ein ganzes Kino los: *„Wer ist das?" „Wie alt?" „Hat dieses Kind Manieren?" „Warum lächelt mein Kind so??"* Wenn du dann versuchst, unauffällig nachzufragen, bekommst du irgendeine Mischung aus Genervtheit, Schweigen, Augenrollen und dramatischem Weglaufen. So ist Liebe halt: süß fürs Kind, Stress für die Mama. Und während dein Kind im Zimmer liegt und auf dem Bett in die Luft starrt wie eine Mini-Romantikerin oder ein Mini-Poet, sitzt du draußen im Flur und fragst dich: Bin ich bereit für diese Phase?

Weg, um nicht auszuticken:

Bleib ruhig, hör zu und ordne gemeinsam ein, was dein Kind da eigentlich fühlt. Erklär kindgerecht den Unterschied zwischen *„jemanden mögen wie einen Freund"* und echter Verknalltheit – das nimmt sofort Druck raus. Wenn die Gefühle stärker wirken, geh Schritt für Schritt: drüber sprechen, Unsicherheiten benennen, Selbstwert stärken. Du musst nicht jedes Herzklopfen mitempfinden – deine Aufgabe ist, Halt zu geben, nicht mitzupanikieren.

VERLIEBT

MAMA, ICH MAG JEMANDEN.

WAAAS? WEN DENN?!

DEN SÄNGER, DESSEN LIEDER ICH STÄNDIG HÖRE.

ACH SO. DU MAGST BESTIMMT EINFACH SEINE LIEDER. DAS IST EHER BEWUNDERUNG. ABER AUS DER SCHULE... LIEBER NICHT.

MAMA, WAS REDEST DU DA? DIE JUNGS IN MEINER SCHULE SEHEN ALLE AUS WIE KLEINE AFFEN.

99 „MAMA IST PEINLICH"-PHASE

Es erwischt jede Mutter. Irgendwann kommt der Moment, in dem dein Kind dich anschaut, als wärst du ein wandelndes Fremdscham-Experiment. Du sagst nur „Hallo" – und dein Kind sinkt schon halb zu Boden. Du winkst einmal zu freundlich – und es stöhnt, als hättest du vor der Schule einen Flashmob gestartet. Plötzlich ist alles peinlich: Wie du lachst, wie du gehst, wie du atmest. Sogar dein Gesicht ist peinlich – besonders morgens. Und dein Versuch, „cool" zu wirken, macht alles nur schlimmer. Ein Wort wie „Schatzi" in der Öffentlichkeit? Katastrophe. Eine Umarmung vor der Klasse? Internationaler Notfall. Und wenn du „Peinlich? Wieso denn?" fragst, kommt nur ein genervtes Augenrollen, das dich kurz überlegen lässt, ob du wirklich so schlimm bist oder ob dein Kind einfach heimlich in einer Vorpubertäts-Doku mitspielt.

Weg, um nicht auszuticken:

Nimm es nicht persönlich – diese Phase gehört zur Entwicklung. Bleib ruhig und halte deinen Humor. Gleichzeitig lohnt es sich, offen zu bleiben und zu sprechen: *„Was genau ist dir unangenehm?"* So gibst du deinem Kind das Gefühl, gehört zu werden, ohne deine Rolle kleinzumachen. Und denk daran: Die Peinlichkeitsphase sagt nichts über dich aus – aber sehr viel darüber, wie sehr dein Kind gerade mit seiner eigenen Identität kämpft.

MOTTO DES TAGES:
„NICHTS MACHT KINDER REIFER ALS EINE MUTTER, DIE LAUT WINKT."

KAPITEL 14

FAMILIE

EGAL, WAS PASSIERT, WIR BLEIBEN WIR

100 1000 GRÜNDE ZU EXPLODIEREN – EIN GRUND ZU BLEIBEN: FAMILIE

Manchmal reicht ein einziger Tag, um dich komplett an deine Grenzen zu bringen. Der Lärm, die Diskussionen, die ewigen Fragen, das Chaos, die kleinen Dramen, der Schlafmangel, das Durcheinander – und ja, manchmal auch einfach die Menschen in deinem eigenen Haus. Jeder zieht an dir. Jeder will etwas. Jeder braucht dich. Und du fragst dich zwischendurch: Wie soll ich das alles schaffen, ohne in die nächste Ecke zu rennen und einfach mal fünf Minuten nicht existieren zu wollen?

Manchmal sind es die Kinder, manchmal der Partner, manchmal das Leben selbst. Jeder hat schlechte Tage, jeder hat Launen – und irgendwie landet alles zuerst bei dir.

So wächst der Druck, die Erschöpfung, die Ungeduld... und plötzlich ist da dieser Moment, in dem du am liebsten alles hinschmeißen würdest. Aber dann schaust du sie an. Ganz kurz. Vielleicht nur ein kleines Lächeln, ein Satz wie „Mama?“, eine Umarmung, ein Blick, der sagt: Du bist mein Zuhause.

Und in genau diesem Moment erinnerst du dich daran, warum du bleibst. Warum du jeden Tag weiter machst. Warum du dich wieder zusammensetzt, obwohl du eigentlich nicht mehr kannst.

Familie ist anstrengend.
Familie ist laut.
Familie ist chaotisch.
Aber sie ist auch der einzige Ort, an dem du geliebt wirst, ohne perfekt sein zu müssen.

Der einzige Ort, an dem du hinfallen darfst und trotzdem gehalten wirst. Der einzige Ort, der dich manchmal verrückt macht – und trotzdem heilt.

Am Ende bleibst du nicht, weil alles leicht ist. Du bleibst, weil es echt ist. Weil sie deine Menschen sind. Weil ihr zusammen gehört – auch an den Tagen, an denen ihr euch gegenseitig in den Wahnsinn treibt.

Es gibt tausend Gründe, zu explodieren.
Aber nur einen Grund, wieder ruhig zu atmen:

Weg, um nicht auszuticken:

Mach dir bewusst, dass Familie kein Ort für Perfektion ist, sondern ein Ort für Rückhalt. Wenn alles zu viel wird, nimm einen Schritt Abstand, atme bewusst durch und hol dir den Blick aufs Ganze zurück: Ihr seid ein Team – chaotisch, laut, sensibel, aber zusammen. Kläre Grenzen, sprich offen, bitte um Unterstützung und gib sie auch. Je klarer ihr kommuniziert, desto weniger prallt ihr aneinander. Und manchmal reicht ein einziger Gedanke, um wieder Frieden zu finden: Wir sind nicht perfekt – aber wir gehören zusammen.

MOTTO DES TAGES:
„EXPLODIEREN WÄRE LUXUS.
HEUTE HAB ICH DAFÜR KEINE ZEIT."

101 GEMEINSAM ZEIT VERBRINGEN

Manchmal weiß man einfach nicht mehr weiter. Die Stimmung zu Hause hängt wie ein schwerer Vorhang im Raum, jeder zieht sich zurück, jeder geht in sein Zimmer – und plötzlich wacht man morgens auf und merkt: Wir leben zwar unter einem Dach, aber irgendwie doch nebeneinander her. Selbst in einer Großfamilie kann man sich einsam fühlen, wenn jeder im eigenen kleinen Universum kreist.

Und das Heimliche, das Gefährliche daran? Man gewöhnt sich daran. Es fühlt sich irgendwann nicht mal mehr ungewöhnlich an, dass man nicht zusammen isst, kaum redet, nebeneinander vorbeiläuft. Das Handyverbot wird ignoriert, die Regeln existieren nur noch auf Papier, und der Familienrhythmus bricht in lauter kleine Einzelrhythmen auseinander.

Dabei gäbe es tausend Wege, sich wiederzufinden. Tausend kleine Momente, die man bewusst setzen könnte, um wieder „wir" zu sein – selbst wenn es nur fünf Minuten sind. Es ist nicht schlimm, dass man manchmal nicht lacht, nicht hört, nicht redet oder sogar mal aneinander vorbeilebt.

Das passiert in jeder Familie. Schlimm wird es erst, wenn genau das zur Gewohnheit wird. Wenn die Distanz normal wird und Nähe plötzlich wie Arbeit wirkt. Denn je weiter man sich verliert, desto schwerer findet man den Weg zurück.

Wichtig ist dabei auch: Es darf nicht alles an einer einzigen Person hängen. Eine Mama darf Unterstützung einfordern – von ihrem Partner, von den Kindern, von der ganzen Familie. Sie muss nicht alles alleine tragen, nicht alles organisieren, nicht alles reparieren. Sie darf auch mal müde sein, mal keine Kraft haben, mal einfach sitzen und nichts tun wollen. Familie heißt Verantwortung teilen. Und nur dann kann Nähe entstehen, ohne dass jemand ausbrennt.

Dieses letzte Kapitel ist deshalb kein Ratgeber mit Regeln, sondern eine kleine Erinnerung: Es gibt einfache, machbare, warme Dinge, die eine Familie wieder verbinden können.

Nicht perfekt.
Nicht jeden Tag.
Aber immer wieder.
Und das reicht.

Weg, um nicht auszuticken:

In solchen Momenten ist es kein Weltuntergang – man steckt nur fest. Die Stimmung ist unten, jeder zieht sich zurück, keiner weiß so richtig, wie man wieder zusammenfindet. Aber genau dann gibt es unzählige kleine Wege, die Nähe sofort zurückholen können.

Damit du in solchen Situationen nicht ratlos bleibst, kannst du diese 10 einfachen Familienideen im Hinterkopf behalten – als Mini-Notfallkoffer für mehr Wärme, Ruhe und Verbindung zu Hause.

10 DINGE, DIE MAN MIT DER FAMILIE TUN KANN

1) SPAZIERGANG OHNE HANDY
EINFACH RAUS, OHNE DRUCK, OHNE FOTOS. NUR SCHRITTE, FRISCHE LUFT UND WARME GESCHICHTEN.

2) GEMEINSAM KOCHEN
NICHT CHEFKOCH-NIVEAU – EHER „JEDER RÜHRT EINMAL". CHAOS ERLAUBT, LACHEN ERWÜNSCHT.

3) EIN FAMILIEN-LIEBLINGSLIED LAUT MITSINGEN
"FALSCH" UND "ZU LAUT" SINGEN IST ERLAUBT, HAUPTSACHE GEMEIN-SAM SINGEN. EIN SONG – UND SCHON FÜHLT SICH DER TAG WENIGER SCHWER AN.

4) ALTE FOTOALBEN ANSCHAUEN
„MAMA, DAS WARST DU?" JA, UND GENAU DAS VERBINDET: KINDER SEHEN, DASS ELTERN AUCH MAL KLEIN, SCHIEF GEKÄMMT UND VERRÜCKT WAREN.

5) EIN KLEINES FAMILIENRITUAL ERFINDEN
FREITAG TOAST-ABEND, SONNTAG PYJAMA-KINO, MONTAG KOMPLIMENT-RUNDE. UNSPEKTAKULÄR – GENAU DAS MACHT ES ZU „UNSEREM DING".

6) LICHTER AUS, KERZE AN
EINE FRAGE FÜR ALLE. „WAS HAT DICH HEUTE STOLZ GEMACHT?" ODER „WAS WAR HEUTE LUSTIG?" MAN STAUNT, WIE VIEL MAN VONEINANDER HÖRT, WENN KEINER SCHLECHT BEWERTET.

7) SPIELABEND
REGELN FLEXIBEL, STIMMUNG WICHTIG. GEWINNER IST NICHT DER, DER GEWINNT – SONDERN DER, DER AM MEISTEN LACHT.

8) EIN FAMILIENFOTO PRO MONAT
NICHT GESTELLT, NICHT PERFEKT – EINFACH ECHT. EIN FOTO, DAS ZEIGT, WIE IHR WIRKLICH SEID: MÜDE, FRÖHLICH, CHAOTISCH. SO WIRD ALLTAG ZU ERINNERUNG.

9) GUTE-NACHT-RITUAL
ZWEI MINUTEN LÄNGER BLEIBEN: VORLESEN, ZUHÖREN, KUSCHELN. KINDER ERINNERN SICH SPÄTER NICHT AN DEINE TO-DO-LISTE – ABER AN GENAU DIESE ABENDE.

10) ETWAS TUN, DAS IHR NOCH NIE GETAN HABT
RAUS AUS DER ROUTINE, REIN INS ABENTEUER: EIN NEUES CAFÉ, EIN NEUER SPIELPLATZ, EIN MINI-PICKNICK IM WOHNZIMMER, EIN ABEND-SPAZIERGANG IM REGEN.

FAMILIEN WACHSEN NICHT DURCH PLÄNE – SONDERN DURCH GEMEINSAME ÜBERRASCHUNGEN.

DANKE, MAMA,

DASS DU DIESES BUCH IN DEINER CHAOS-PAUSE, ZWISCHEN WÄSCHEBERGEN UND SCHLAFMANGEL-MOMENTEN GELESEN HAST. WENN ES DIR EIN BISSCHEN LEICHTIGKEIT GEBRACHT HAT, WÜRDE ICH MICH ÜBER DEINE BEWERTUNG RIESIG FREUEN.

QR-CODE SCANNEN, KURZ TIPPEN – UND DU HILFST ANDEREN MAMAS ZU SEHEN:
WIR SIND VIELE. UND WIR SCHAFFEN DAS.

Impressum

Angaben gemäß § 5 TMG und § 55 RStV
Verantwortlich für den Inhalt gemäß § 55 Abs. 2 RStV:
Büsra Tugba Koc
Heinrich-Billstein-Str. 9
50769 Köln
E-Mail: tugba0907@hotmail.de
Umsatzsteuer-Identifikationsnummer: DE452711732

Hinweis:

Dies ist ein privat veröffentlichter Titel über Amazon Kindle Direct Publishing (KDP). Der Herausgeber ist für den Inhalt verantwortlich.

Haftungsausschluss:

Urheberrecht:

Printed in Poland
by Amazon Fulfillment
Poland Sp. z o.o., Wrocław

64946361R00081